A GRAÇA

QUAESTIONES DISPUTATAE DE VERITATE

QUESTÃO 27

O livro é a porta que se abre para a realização do homem.

Jair Lot Vieira

Tomás de Aquino

A graça

Quaestiones disputatae De Veritate

Questão 27

TRADUÇÃO, EDIÇÃO E NOTAS

PAULO FAITANIN
Doutor em Filosofia Medieval pela Universidad de Navarra (Espanha)
Professor Associado III e Professor do Programa de Pós-Graduação
em Filosofia da Universidade Federal Fluminense – UFF
Pesquisador do *Instituto Aquinate*
Pesquisador do Gabinete de Estudos Medievais
da Universidade do Porto (Portugal)

BERNARDO VEIGA
Doutor em Filosofia pela Universidade Federal do Rio de Janeiro – UFRJ
Mestre em Filosofia pela Unisinos
Membro fundador do *Instituto Aquinate*

edipro

Grafia conforme o novo Acordo Ortográfico da Língua Portuguesa.

1ª edição 2016

Logo do Instituto Aquinate: Wood engraving by Reynolds Stone, in Saint Thomas Aquinas, Selected writings, New York: The heritage Press, 1971, p. 1.

Instituto Aquinate

Editores: Jair Lot Vieira e Maíra Lot Vieira Micales
Coordenação editorial: Fernanda Godoy Tarcinalli
Coordenação do Projeto "Questões disputadas": Bernardo Veiga
Tradução, edição e notas: Paulo Faitanin e Bernardo Veiga
Editoração: Alexandre Rudyard Benevides
Revisão: Beatriz Rodrigues de Lima
Arte: Karine Moreto Massoca

Dados Internacionais de Catalogação na Publicação (CIP)
(Câmara Brasileira do Livro, SP, Brasil)

Tomás de Aquino, 1225-1274.

A graça: quaestiones disputatae de veritate: questão 27 / Tomás de Aquino; tradução, edição e notas Paulo Faitanin, Bernardo Veiga. – São Paulo : EDIPRO, 2016. – (Série Questões disputadas).

Título original: Quaestiones disputatae de veritate : quaestio 27 : de gratia.

Bibliografia.

ISBN 978-85-7283-981-5

1. Filosofia – Obras anteriores a 1800 2. Teologia – Obras anteriores a 1800 I. Faitanin, Paulo. II. Veiga, Bernardo. III. Título. IV. Série.

16-06183 CDD-189.4

Índice para catálogo sistemático:
1. Tomás de Aquino : Filosofia medieval : 189.4

ABDR
EDITORA AFILIADA

edipro

São Paulo: Fone (11) 3107-4788 • Fax (11) 3107-0061
Bauru: Fone (14) 3234-4121 • Fax (14) 3234-4122
www.edipro.com.br

Sumário

Apresentação

TOMÁS DE AQUINO [1225-1274], filósofo e teólogo dominicano, escreveu diversas obras e, entre as mais importantes, contamos as famosas *Questões Disputadas*, fruto de uma metodologia original e própria da atividade acadêmica da universidade medieval. Delas derivam as mais célebres contribuições do tomismo para a Filosofia e a Teologia. Neste método medieval, Tomás inicia com uma pergunta [questão] e a desenvolve em artigos. Cada questão disputada pode conter diversos artigos. Cada artigo considera uma parte da questão mediante uma pergunta, estando composto por argumentos pró e contra e uma conclusão, na qual aparece a resposta do autor à pergunta elaborada na forma de artigo, que, por sua vez, compõe a questão. Em cada artigo Tomás procede da seguinte maneira: ante a pergunta proposta num artigo da questão, ele a afirma ou nega, expondo em contrário diversos argumentos. Em seguida, toma um ou mais argumentos fortes, que são contrários àqueles diversos raciocínios que se seguiram à pergunta inicial. Então, logo após esses argumentos, ele inicia uma resposta, em conformidade com o que pretende demonstrar, escrevendo no corpo do artigo uma conclusão, que é simultaneamente resposta à pergunta feita inicialmente, e termina esclarecendo as dificuldades ou contradições dos primeiros argumentos expostos.

O *Instituto Aquinate*, em parceria com a editora *Edipro*, continua a empreitada de publicar uma série de textos inéditos, editados em vernáculo, em edição simples, acessível, com breve introdução descritiva e notas à tradução, com o intuito de pouco ou quase nada interferir na obra, deixando o leitor com o mínimo necessário para ele mesmo ir diretamente ao texto de Tomás. A intenção é divulgar não só entre o público acadêmico, mas entre os diversos admiradores do tomismo, as principais ideias do autor contidas nas referidas *Questões Disputadas*. Neste espírito nasce o projeto *Questões Disputadas*. Este projeto é coordenado por Bernardo Veiga (Instituto Aquinate), doutor em Filosofia pela UFRJ. Este livro é uma edição e tradução do Prof. Dr. Paulo Faitanin (UFF) e Bernardo Veiga.

Este projeto não seria possível sem a cooperação do Prof. Dr. Enrique Alarcón (Universidad de Navarra/Espanha), presidente da *Fundación Tomás de Aquino*, detentora dos direitos de cópia dos textos latinos e mantenedora do *Corpus Thomisticum* [<www.corpusthomisticum.org>]. O estimado professor Alarcón há muito colabora com a *Revista Aquinate* [<www.aquinate.net>] e a ele agradecemos por conceder-nos a permissão para pesquisar e utilizar como base para as traduções a edição latina dos textos contidos no *Corpus*. O texto vertido para o vernáculo também foi cotejado com outras versões, por sinal todas muito úteis para considerar as soluções propostas para certas passagens de difícil compreensão e tradução. Para a configuração das notas de rodapé tivemos em conta, quando se fez necessário, o aparato bibliográfico das referidas edições latinas do texto e das versões que consultamos.

Apresentamos a tradução inédita em português da questão 27 das *Quaestiones disputatae De Veritate*, *A graça*, composta por sete artigos. Esta obra é autêntica[1] e data dos três anos do primeiro período de ensino magistral de Tomás em Paris, 1256-1259.[2] Nesta obra, Tomás investiga a natureza da graça, se é algo criado positivamente na alma, se a graça santificante é o mesmo que a caridade e como ela se encontra na criatura e nos sacramentos.

Fontes e repertórios bibliográficos

Outras traduções

Foram consultadas as seguintes versões: SANTO TOMÁS DE AQUINO, *Opúsculos y Questiones selectas.* Edición bilingüe. Coordinador de la obra Antonio Osuna Fernández-Largo. III. Madrid: BAC, 2005, p. 1.041-1.107; SAN TOMMASO D'AQUINO, *Le Questioni Disputate.* Testo latino di S. Tommaso e traduzione italiana. Volume Terzo. La Verità. (De Veritate). Questioni 21-29. Bologna: ESD, 1993; SAINT THOMAS D'AQUIN, *De Veritate. Les vingt-neuf questions disputées sur la vérité* (1256-1259). Philosophie et Théologie. Traduction par le frère André Aniorté, O.S.B., moine de l'Abbaye sainte Madeleine du Barroux, 2005-2008. Version Bilingue Latin/Français. Deuxième *édition* numérique août 2012 [<http://docteurangelique.free.fr>]; THOMAS AQUINAS, *Truth. Questiones Disputatae De Veritate.* Questions 21-29 Translated by Robert W. Schmidt, S.J. Chicago: Henry Ragnery Company, 1954. Edição em HTML por Joseph Kenny, O.P. [<http://dhspriory.org/thomas/QDdeVer.htm>]. Com relação às referências bíblicas da vulgata latina encontradas no corpo do texto, valemo-nos

1. MANDONNET, P. O.P. *Des écrits authentiques de S. Thomas d'Aquin*. Seconde édition revue et corrigée. Fribourg (Suisse): Imprimerie de l'oeuvre de Saint-Paul, 1910, p. 30; p. 106; GRABMANN, M. *Die Werke des hl. Thomas von Aquin.* Münster Westf.: Aschendorffsche Verlagsbuchhandlung, 1949, p. 307.
2. TORRELL, J.-P. O.P. *Iniciação a Santo Tomás de Aquino. Sua pessoa e obra.* Tradução Luiz Paulo Rouanet. São Paulo: Edições Loyola, 1999, p. 71-2; 389-90.

da *Bíblia de Jerusalém* [Paulus: 2002] para indicá-las, trazendo à luz possíveis esclarecimentos, quando assim for exigido.

Notas

Buscou-se, também, sempre que possível, confrontar os textos dos Padres da Igreja citados por Tomás e encontrados nas Patrologias grega e latina. Para este fim, de um modo geral, tivemos em conta os textos da Patrologia Latina (PL) e da Patrologia Grega (PG) da edição de Migne, disponíveis no site <http://www.documentacatholicaomnia.eu/25_Migne.html>. Para buscar as referências mais detalhadas das obras de Santo Agostinho, consultamos a excelente ferramenta de busca encontrada no site <http://www.augustinus.it/latino/index.htm/>. Ainda assim, quando necessário, pesquisamos a seguinte edição de obras gregas e latinas de diversos autores [<http://www.perseus.tufts.edu/hopper/>]. Para as obras de Aristóteles e Averróis foram consultadas as seguintes edições: *Aristotelis Opera* [Ed. Immanuel Bekker. Berlin: Walter de Gruyter & Sócios, 1960; AVERROES CORDUBENSIS, *In Aristotelis Opera cum Averrois Cordubensis in eosdem commentariis*. Venetiis: Apud Junctas, 1562-1574 [reimp. Frankfurt, 1962]. Estas e outras obras, como as de Avicena, de Porfírio e de Boécio foram consultadas em suas edições mais clássicas no seguinte site [http://capricorn.bc.edu/siepm/books.html]. Com relação aos outros autores islâmicos e judeus, citaremos as edições mais usuais. Para as referências de outras obras de Tomás de Aquino, que incluímos em nossa tradução, para uma melhor fundamentação das ideias expostas no corpo do artigo, usamos as seguintes edições impressas das obras de Tomás de Aquino: TOMÁS DE AQUINO, *Suma Teológica*. Coordenação geral da tradução de Carlos-Josaphat Pinto de Oliveira, O.P. v. I-IX. São Paulo: Edições Loyola, 2001-2006; TOMÁS DE AQUINO, *Suma Contra os Gentios*. Tradução de Dom Odilão Moura, O.S.B. v. I-II. Porto Alegre: Edipucrs/

Est, 1990-1996; SANCTI THOMAE DE AQUINO, *Opera omnia iussu Leonis XIII P.M. edita, t. 22* 3/1. *Quaestiones Disputatae de veritate*. Roma: Ad Sanctae Sabinae/Editori di San Tommaso, 1972; SANCTI THOMAE AQUINATIS, *In decem libros Ethicorum Aristotelis ad Nicomachum expositio*. Editio tertia. Cura et studio P. Fr. Raymundi M. Spiazzi, O.P. Taurini: Marietti, 1964; SANCTI THOMAE AQUINATIS, *Opera Omnia*. Iussu impensaque Leonis XIII. Tomus 3: *Commentaria in Libros Aristotelis De Caelo et Mundo*. Romae: Ex Typographia Polyglotta, 1886; SANCTI THOMAE AQUINATIS, *Opera Omnia*. Iussu impensaque Leonis XIII. Tomus 48 A: *Sententia libri Politicorum*. Romae: Ad Sanctae Sabinae, 1971; SANCTI THOMAE AQUINATIS, *Opera Omnia*. Tomus 6: *Commentum in quatuor libros Sententiarum*. Parmae: Typis Petri Fiaccadori, 1856; SANCTI THOMAE AQUINATIS, *In octo libros Physicorum Aristotelis expositio*. Cura et studio P. M. Maggiòlo, O.P. Taurini: Marietti, 1965; SANCTI THOMAE AQUINATIS, *In Metaphysicam Aristotelis commentaria*. Cura et studio P. Fr. M.-R. Cathala. Taurini: Marietti, 1915; SANCTI THOMAE AQUINATIS, *In Aristotelis librum De anima commentarium*. Editio tertia. Cura et studio P. F. A. M. Pirotta. Taurini: Marietti, 1948; SANCTI THOMAE AQUINATIS, *In librum Beati Dionysii De divinis nominibus expositio*. Cura et studio C. Pera, P. Caramello, C. Mazzantini. Taurini-Romae: Marietti, 1950.

Rodolfo Petrônio
Presidente do Instituto Aquinate

Introdução

Nossa intenção é brevemente expor e analisar a contribuição de Tomás de Aquino [1225-1274] sobre a questão *A graça*, estruturada em sete artigos, como introdução à edição monolíngue que é aqui publicada. Com este breve estudo pretendemos auxiliar o leitor, mostrando algumas noções básicas da visão de Tomás sobre a definição, a natureza, a necessidade, a divisão, a causa e os efeitos da graça,[1] explicar o método das *Questões Disputadas* e expor resumidamente os sete artigos da questão 27 do *De Veritate*.

1. A graça: definição, natureza, necessidade, divisão, causa e efeitos

A *definição* de "graça" nos leva à compreensão de sua origem. Ela deriva do termo latino *gratia*, que corresponde ao grego *charis* e que indica, de um modo geral, o favor absolutamente gra-

1. Na questão 27 do *De Veritate*, Tomás não trata especificamente de todos os temas relativos à graça que ele tratou na *Suma Teológica*. Sobre esses temas ver: TOMÁS DE AQUINO, *STh*. I-II, q. 109-114.

tuito com o qual Deus, em Cristo, pelo Espírito Santo, chama o homem para a comunhão eterna com Deus.[2] Para Tomás, a graça é um bem sobrenatural divino dado gratuitamente à alma livre do homem que a acolhe, impulsionando-o a habituar-se na prática de boas ações, e *que antecipa no homem a participação da glória eterna.*[3]

A *natureza* ou *essência* da graça é ser um bem espiritual divino, ou seja, uma realidade sobrenatural, pela qual há a participação da natureza divina na alma do homem. Ora, esse bem espiritual eterno e gratuito antecipa a glória na vida do homem, pois a alma impulsionada pela graça aumenta a vida da graça e o torna consciente do estado de graça, mediante os frutos de suas ações.[4]

A *necessidade* da graça deriva do fato de o homem por si só, por sua natureza contingenciada pelo pecado, em suas potências e atos, circunstanciados ao tempo e ao espaço, não conseguir alcançar o bem espiritual da vida eterna, que é estar na glória de Deus. Por isso, a graça é necessária para o homem, pois com a graça ele pode sair do pecado e se preparar para receber outras graças, para viver retamente, realizar boas ações e merecer a glória, que é a santidade.[5]

A *divisão* da graça[6] se dá pela distinção dos benefícios que ela causa ao mover a alma do homem. Denomina-se "graça habitual" aquele dom que Deus infunde na alma humana para que ela se habitue na ação de um bem ou de muitos bens, em cuja permanência se torna agradável. A graça habitual infusa é tam-

2. MONDIN, B. *Dizionario enciclopédico del pensiero di San Tommaso D'Aquino*. Bologna: ESD, 2000, p. 336.
3. TOMÁS DE AQUINO, *STh*. II-II, q. 24, a. 3, ad 2.
4. TOMÁS DE AQUINO, *STh*. I-II, q. 110, a. 1, 2, 4; q. 112, a. 5, conclusão e ad 4; q. 114, a. 8, ad 3.
5. TOMÁS DE AQUINO, *STh*. I-II, q. 109, a. 2, 5-7 e 9; q. 112, a. 2-3.
6. TOMÁS DE AQUINO, *STh*. I-II, q. 111.

bém denominada "graça operante", porque a alma *opera* movida por Deus. Essa permanência na operação leva à união da alma com Deus, razão pela qual é chamada de "graça santificante".

Diz-se "graça atual" o auxílio que Deus dá gratuitamente à alma, independente de seu mérito, para que ela receba e acolha livremente para que realize algum bem para si ou para outro. É chamada de "graça cooperante" quando, sendo livremente recebida e acolhida pelo homem, independente de suas capacidades e méritos pessoais, *coopera* com Deus para a realização de uma boa ação. São graças cooperantes aqueles dons ou carismas que Deus dá aos homens, tais como a profecia, a cura etc.

Denomina-se "graça sacramental"[7] o auxílio divino que Deus dá mediante os sacramentos, para que as virtudes e os dons recebidos e acolhidos livremente pela alma sejam conservados no bem, nas diferentes condições da vida do homem, desde seu nascimento com o Batismo, até a morte com a unção dos enfermos. Em síntese, a graça habitual cura a alma e a impulsiona a permanecer no bem, enquanto a atual a eleva, para o bem do próximo, independente do mérito pessoal de quem a recebe ou de quem é beneficiado. Em qualquer caso, o bem sobrenatural que é a graça não aniquila nem violenta a natureza do homem, senão que apenas supõe o bem que há nessa natureza.

A *causa*[8] da graça é o próprio Deus, que é a causa principal, enquanto a humanidade de Cristo e os sacramentos são causa instrumental. O sujeito da ação dessa causa é a alma do homem, mas seus *efeitos* se estendem como benefícios não só para a alma, senão também para o corpo. São basicamente cinco os efeitos: a cura da alma, a impulsão da alma para querer o bem, a efetiva realização do bem, a perseverança no bem e o alcance da glória.[9]

7. TOMÁS DE AQUINO, *STh*. III, q. 62, a. 2.
8. TOMÁS DE AQUINO, *STh*. I-II, q. 112, a. 1, conclusão, sed contra 1 e ad 1-2.
9. TOMÁS DE AQUINO, *STh*. I-II, q. 115, a. 1.

2. Breve explicação do método das *Questões Disputadas*

O que são as *Questões Disputadas*? Durante a Escolástica, sobremaneira nas universidades do século XIII, os professores, para o desempenho de suas atividades acadêmicas, compunham, mediante exaustivas pesquisas, suas obras para serem lidas e analisadas em suas aulas, no exercício da docência.

Para compô-las os professores utilizavam diferentes métodos: comentar, expor, reunir sentenças, fazer sumas etc., cada qual com uma finalidade própria, mas todas para atender as duas formas mais usuais de ensino: a *lectio*, que consistia na leitura e comentário de um texto, e a *disputatio*, que consistia na disputa de uma *quaestio.*[10]

Cada título de artigo da questão em jogo era proposto em forma de pergunta, por exemplo: *a graça é algo criado positivamente na alma?*[11] Seguia-se à pergunta uma proposta de resposta contrária ao que se queria demonstrar, ou seja, uma resposta do tipo: *Parece que não.*

Propunham isso para dar lugar primeiro aos argumentos contrários à pergunta e a favor do parecer, e tais argumentos contrários eram denominados de objeções. Antes de proporem uma solução à pergunta feita, eram sugeridos alguns poucos argumentos contrários às objeções e a favor de uma resposta afirmativa à pergunta que intitula o artigo. Logo depois, propunha-se uma resposta, às vezes breve, outras vezes longa, que afirmava a pergunta. E, por fim, respondia-se a cada uma das objeções.

Os argumentos *pro* e *contra* que constituíam um artigo eram estruturados silogisticamente, a partir de um raciocínio aparentemente verdadeiro que era retirado da obra de alguma autori-

10. ABBAGNANO, N. *História da Filosofia*. v. 3. Lisboa: Editorial Presença, (1999), p. 9.

11. TOMÁS DE AQUINO, *De Veritate*, q. 27, a. 1.

dade, fosse filosófica, teológica, ou mesmo da Bíblia. Em geral, eram silogismos compostos por três premissas: a maior, a menor e a conclusão. Em cada argumento, no geral, era citada a fonte, exceto se fosse de conhecimento comum. Mas, ainda assim, era comum citar a fonte mesmo se ela fosse bem conhecida.

3. Exposição resumida dos artigos da questão sobre a graça

No primeiro artigo, Tomás analisa se a graça é algo criado positivamente na alma.[12] As objeções ao artigo apontam para a tese de que a graça não é algo criado na alma, porque a graça nada acrescenta a alma que ela já não o tenha. Em sua resposta, o Aquinate afirma que a graça é criada positivamente na alma, porque acrescenta algo que a alma antes não tinha, a saber, o bem espiritual sobrenatural divino, dado à natureza da alma gratuitamente.

No segundo artigo, Tomás considera a pergunta de se a graça santificante é o mesmo que a caridade.[13] As objeções ao artigo, no geral, apontam para a tese de que a graça santificante é o mesmo que a caridade, porque o Espírito Santo é quem infunde a caridade e habita na alma pela graça. Tomás diz que a graça santificante não é o mesmo que a caridade, porque a caridade é uma virtude infusa e a graça santificante é um auxílio divino concedido gratuitamente para inclinar o homem a fazer o bem, enquanto a caridade é infusa para que o homem faça o bem.

No terceiro artigo, Tomás expõe acerca da questão de se uma criatura pode ser causa da graça.[14] As objeções ao artigo indicam que sim, ou seja, que uma criatura pode ser causa da graça, com base na tese de que alguns homens podem curar, fazer milagres

12. TOMÁS DE AQUINO, *De Veritate*, q. 27, a. 1.

13. TOMÁS DE AQUINO, *De Veritate*, q. 27, a. 2.

14. TOMÁS DE AQUINO, *De Veritate*, q. 27, a. 3.

e perdoar pecados etc. O Aquinate contrapõe em sua resposta dizendo que, se a graça é um bem sobrenatural divino, então nenhuma criatura pode ser sua causa, embora o homem, que é criatura, possa exercer algum ministério ordenado à recepção da graça, como no exercício de algum sacramento, como no da unção dos enfermos, batismo etc.

No quarto artigo, Tomás considera se os sacramentos da Nova Lei são causa da graça.[15] As objeções sustentam que tais sacramentos da Nova Lei não são causa da graça. O Angélico responde dizendo que esses sacramentos não apenas instruem como os da Antiga Lei, senão que também justificam, razão pela qual se pode dizer que os sacramentos da Nova Lei, de algum modo, são causa da graça.

No quinto artigo, questiona-se se em um único homem há só uma graça santificante.[16] Objeta-se dizendo que em um mesmo homem pode haver mais de uma graça santificante, porque um mesmo homem pode ter graças diversas, com as quais coopera com Deus, como curar, fazer milagres, razão pela qual pode haver mais de uma graça santificante em um mesmo homem. Tomás diz que uma é a graça com a qual cooperamos com Deus, mas não necessariamente nos une a Deus, e outra é a graça habitual, que nos une a Deus, e essa é a santificante e basta uma só, enquanto podemos ter muitas com as quais cooperamos com Deus. Daí que, para Tomás, onde uma única coisa é suficiente para realizar algo, torna-se supérfluo o acréscimo de muitas. Por isso, uma só graça, a santificante, é suficiente para a salvação do homem.

No sexto artigo, Tomas considera se a graça reside na alma como em seu sujeito.[17] As objeções sustentam que a graça não reside na alma como em seu sujeito, porque a graça é um bem sobrenatural divino e a alma é um bem natural criado. Tomás

15. TOMÁS DE AQUINO, *De Veritate*, q. 27, a .4.
16. TOMÁS DE AQUINO, *De Veritate*, q. 27, a. 5.
17. TOMÁS DE AQUINO, *De Veritate*, q. 27, a. 6.

contrapõe dizendo que a alma, apesar de ser criatura, é sujeito da graça, enquanto é um bem espiritual criado na alma, que a torna partícipe da natureza divina.

No sétimo artigo, considera-se se a graça está nos sacramentos.[18] As objeções sustentam que, se a graça é um bem espiritual, não podem estar nos sacramentos que são sinais sensíveis, materiais. Tomás responde dizendo que a graça está nos sacramentos, não como o acidente em seu sujeito, mas como o efeito em sua causa, pois está o efeito em sua causa, nesse caso, na medida em que a semelhança do efeito está em sua causa, não segundo a mesma razão, nem como certa natureza, mas como certa emanação.

4. Conclusão

A graça é um bem espiritual divino, que transcende a natureza da alma humana, mas Deus a concede criando-a na alma, dando-lhe gratuitamente esse bem, esse auxílio, supondo apenas a própria natureza da alma, seu livre-arbítrio, sem levar em conta suas incapacidades e méritos, bastando que a alma a receba e a acolha livremente, como auxílio para a cura da alma, a impulsão da alma para querer o bem, para ser efetiva a realização do bem, para perseverar no bem e para alcançar a glória.

Por isso, a graça é certa antecipação da glória eterna na vida temporal do homem, bem que o lança a crer e esperar nesta vida pela salvação eterna, em cuja salvação, com a visão beatífica, o homem se une plenamente a Deus, restando-lhe a caridade, dissipando tudo mais, porque pela graça foi revelado que Deus é amor e pela graça amaremos o Amor face a face.

Paulo Faitanin e
Bernardo Veiga

18. TOMÁS DE AQUINO, *De Veritate*, q. 27, a. 7.

Questão 27*

A graça

*. Tradução baseada no texto Taurino *Quaestiones disputatae De Veritate, q. 27,* editado em 1953, transferido automaticamente por Roberto Busa, S.J., para fitas magnéticas e de novo revisto e ordenado por Enrique Alarcón. Disponível em: <www.corpusthomisticum.org>.

Proêmio

E, primeiro, pergunta-se se a graça é algo criado positivamente na alma.

Segundo, pergunta-se se a graça santificante é o mesmo que a caridade.

Terceiro, pergunta-se se uma criatura pode ser causa da graça.

Quarto, pergunta-se se os sacramentos da Nova Lei são causa da graça.

Quinto, pergunta-se se em um homem há uma só graça santificante.

Sexto, pergunta-se se a graça está na essência da alma, como em um sujeito.

Sétimo, pergunta-se se a graça está nos sacramentos.

Artigo 1

E, primeiro, pergunta-se se a graça é algo criado positivamente na alma[1]

E parece que não.

1. Lugares paralelos: *In II Sent.*, d. 26, a. 1; *CG.* III, c. 150; *STh.* I-II, q. 110, a. 1.

Argumentos[2]

1. Porque, segundo Agostinho,[3] assim como a alma é a vida do corpo, assim Deus é a vida da alma. Ora, a alma é a vida do corpo, sem a mediação de nenhuma outra forma. Logo, Deus se relaciona com a alma de modo semelhante. E, assim, a vida que é pela graça não se dá através de nenhuma forma criada existente na alma.

2. Além do mais, a graça santificante,[4] da qual falamos, não parece ser outra coisa senão aquilo pelo qual o homem é grato a

---

2. Na edição Taurini, reproduzida por Enrique Alarcón, não há esta divisão que ora propomos: *Argumenta*. O intuito é orientar o leitor quanto à dinâmica da argumentação da exposição do Aquinate. De igual modo, não há notas de rodapé na referida edição latina.

3. Entre outros lugares: AGOSTINHO, *Enarrat. in Ps.* LXX 17: PL 36, 893, *Sermo* 62, c. 1: PL 38, 415, *Sermo* 65, c. 4: PL 38, 428, *Sermo* 161, c. 6: PL 38, 976, *Sermo* 180, c. 7: PL 38, 976, *Sermo* 273, c. 1: PL 38, 1247; *De civ.* Dei, 13, c. 2: PL 41, 377); ibid., 19, c. 26: PL 41, 656.

4. Tradução de "gratia gratum faciens".

Deus. Ora, diz-se que o homem é grato a Deus porque é aceito por Deus. Ora, alguém se diz aceito pela aceitação de Deus, aceitação essa que, na verdade, existe no próprio Deus. Do mesmo modo, também se diz que algum homem não é aceito por algo que existe nele, mas pela aceitação que existe em quem o aceita. Logo, a graça não põe nada no homem, mas só em Deus.

3. Além do mais, pelo ser espiritual da graça o homem se aproxima mais de Deus do que pelo ser natural. Ora, Deus fez o ser natural em nós sem mediação de nenhuma outra causa, porque nos criou de modo imediato. Logo, também fez em nós o ser espiritual gratuito sem mediação de nenhum outro. E, assim, o mesmo que antes.

4. Além do mais, a graça é como certa saúde da alma. Ora, a saúde não parece pôr no homem outra coisa do que a boa disposição dos próprios humores.[5] Logo, também a graça não põe nenhuma forma na alma, mas pressupõe as próprias potências da alma adequadas com igualdade de justiça.

5. Além do mais, a graça não parece ser outra coisa do que certa liberalidade, pois o mesmo parece ser dar de graça e dar liberalmente. Ora, a liberalidade não está no que recebe, mas no que dá. Logo, também a graça está em Deus, que nos concede seus bens, e não está em nós.

6. Além do mais, nenhuma criatura é mais nobre do que a alma de Cristo. Ora, a graça é mais nobre, porque a alma de

5. À época de Tomás, os "humores" designavam, ainda sob a influência da medicina da antiguidade clássica, as substâncias líquidas existentes no corpo: sangue, bile amarela, fleuma ou pituíta e bile negra ou atrabílis, cujo equilíbrio, escassez ou excesso contribuía para o estado afetivo do indivíduo. Cf. AVICENA, *Canon Medicinae*, I, fen. 1, doctrina 4, c. 1. [Venetiis, Junctas, 1595].

Cristo é enobrecida pela graça. Logo, a graça não é algo criado na alma.

7. Além do mais, assim como a verdade está para o intelecto, assim também a graça está para o afeto.[6] Ora, segundo Anselmo,[7] uma é a verdade que todos os intelectos entendem. Portanto, também uma é a graça, pela qual todos os afetos são aperfeiçoados. Ora, nenhum ente criado pode ser um em muitos. Logo, a graça não é algo criado.

8. Além do mais, nada está no gênero, a não ser o composto.[8] Ora, a graça não é composta, mas é uma forma simples. Logo, não está no gênero. Ora, todo criado está em algum gênero. Logo, a graça não é algo criado.

9. Além do mais, se a graça é algo criado na alma, não parece ser senão um hábito, pois três coisas estão na alma, segundo o Filósofo no Livro II da *Ética*:[9] a potência, o hábito e a paixão. Ora, a graça não é uma potência, porque então seria natural, nem é uma paixão, porque assim teria relação principalmente

6. O termo latino "affectum", no contexto tomasiano, pode significar aqui tanto o movimento da razão para algo no qual reconhece a verdade e, mediante isso, o quer (vontade) como um bem, como o movimento da sensualidade, seja concupiscível ou irascível, para buscar o bem a se alcançar ou para evitar o mal a aproximar. A graça atua, então, nesses dois movimentos, que são denominados potências apetitivas, uma racional e a outra sensual.

7. ANSELMO, *De Veritate*, c. 13: PL 158, 486C.

8. Refere-se aqui à composição que há em todo gênero, seja o termo gênero considerado no contexto da lógica, pois o gênero é o que aparece primeiro na definição, seguida da espécie que completa a definição, seja no contexto da biologia, no qual o gênero animal compõe-se de espécies, seja no contexto da metafísica, na qual a substância é composta de algo genérico (matéria) e algo específico (forma). TOMÁS DE AQUINO, *In V Metaph.* Lectio 22.

9. ARISTÓTELES, *Ethica Nicomachea*, II, c. 4, 1105b20. [*Ética a Nicômaco*, obra publicada em *Clássicos Edipro*. (N.E.)]

com a parte irracional, nem também é um hábito, porque o hábito é uma qualidade dificilmente móvel, segundo o Filósofo nas *Categorias*,[10] mas a graça é facilmente removida, porque, por um só pecado mortal, é removida. Logo, a graça não é algo criado na alma.

10. Além do mais, segundo Agostinho,[11] entre nossa alma e Deus não há nenhum intermediário criado. Ora, a graça é intermediária entre nossa alma e Deus, pois pela graça nossa alma se une a Deus. Logo, a graça não é algo criado.

11. Além do mais, o homem é mais nobre e perfeito do que as outras criaturas. Ora, às outras criaturas não se lhes acrescenta nada sobre sua natureza, para que sejam aceitas por Deus, pois foram aprovadas por Deus, segundo se lê em Gn 1,31: *Deus viu tudo o que tinha feito: e era muito bom*. Logo, tampouco nada se acrescenta à natureza do homem para que se diga que é aceito por Deus. E, assim, a graça não é algo criado positivamente na alma.

Ao contrário[12]

1. Sobre o Sl 103,15: *para que ele faça o rosto brilhar com o óleo*, diz a Glosa[13] que: *a graça é o brilho da alma, que faz santo o amor*. Ora, o brilho é algo criado positivamente na alma. Logo, também a graça.

10. ARISTÓTELES, *Categoriae*, c. 8, 9a4. ["Categorias", presente em *Órganon*, obra publicada em *Clássicos Edipro*. (N.E.)]

11. AGOSTINHO, *De Trinitate*, 3, c. 8: PL 42, 876.

12. Na edição Taurini reproduzida por Enrique Alarcón não há esta divisão que ora propomos: *Sed contra*. O intuito é orientar o leitor quanto à dinâmica da argumentação da exposição do Aquinate.

13. PEDRO LOMBARDO, *In Ps.* 103, 15: PL 191, 936A. Ver: AGOSTINHO, *Enarrat. in Ps.* 103, 15, sermo 3: PL 37, 1369.

2. Além do mais, diz-se que Deus está nos santos pela graça de um modo especial, acima das outras criaturas. Ora, não se diz que Deus está de um modo novo em algo, a não ser por causa de algum efeito. Logo, a graça é um efeito de Deus na alma.

3. Além do mais, Damasceno[14] diz que a graça é uma deleitação da alma. Ora, a deleitação é algo criado na alma. Logo, também a graça.

4. Além do mais, toda ação é por alguma forma. Ora, a ação meritória é pela graça. Logo, a graça é alguma forma na alma.

Respondo[15]

Respondo, dizendo que o nome "graça" costuma ser tomado em dois sentidos. De um modo, significando algo que se dá de graça, como quando dizemos: "faço-te essa graça". De outro modo, com relação à aceitação, pela qual alguém é aceito por outro, como quando dizemos: "este tem a graça do rei, porque é aceito pelo rei". E essas duas significações têm uma relação entre si, pois não se dá uma coisa grátis, a não ser porque, de algum modo, a pessoa a qual se dá é aceita.

Assim, também, em Deus há dois tipos de graça. Uma se diz graça dada de graça,[16] como os dons da profecia, sabedoria e coisas semelhantes, dessa graça não falamos aqui, porque consta que esses dons são algo criado na alma. A outra se chama graça

---

14. Cf. ALEXANDRE DE HALES, *Glossa in Lib. Sent.* II, d. 26, nota 1, p. 243 [Ad Claras Acquas, 1924-1948].

15. Na edição Taurini reproduzida por Enrique Alarcón não há esta divisão que ora propomos: *Respondeo*. O intuito é orientar o leitor quanto à dinâmica da argumentação da exposição do Aquinate.

16. Tradução de "gratia gratis data", graça dada gratuitamente, que faz com que alguém ajude o outro a chegar a Deus.

santificante,[17] pela qual o homem é aceito por Deus e é dessa graça que agora falamos. E é manifesto que essa graça põe algo em Deus, porque põe o ato da vontade divina que aceita esse homem. Contudo, se a graça põe algo no próprio homem aceito, isso foi tema duvidoso para alguns,[18] enquanto outros asseguram que essa graça não é criada na alma, mas só existe em Deus.

Mas isso não pode ser sustentado. Com efeito, Deus aceitar ou amar alguém, o que é o mesmo, não é outra coisa do que querer para este algum bem. Contudo, Deus quer para todas as criaturas o bem da natureza, por isso se diz em Sb 11,25 que aprova todas as coisas: *tu amas tudo o que criaste*; e em Gn 1,31: *Deus viu tudo o que tinha feito: e era muito bom*. Ora, por razão dessa acepção não costumamos dizer que um tenha a graça de Deus, mas enquanto Deus quer para ele algum bem sobrenatural, como é a vida eterna, assim como se diz em Is 64,4: *o olho não tinha visto um Deus que agisse em prol dos que esperam nele, exceto a ti*. Por isso se diz em Rm 6,23: *a graça de Deus é a vida eterna*.

Mas esse bem Deus não o quer para alguém indigno. Ora, por sua natureza, o homem não é digno de tão grande bem, por ser sobrenatural. E, por isso, pelo mesmo fato de Deus fazer um homem grato com relação a esse bem, coloca-se que é digno desse bem, que supera sua capacidade natural. O que, de fato, não move a divina vontade a ordenar o homem a esse bem, mas antes o inverso, porque pelo fato mesmo de que se ordena alguém à vida eterna, concede-lhe algo pelo qual é digno dessa vida eterna.

E isso é o que se diz em Cl 1,12: *dando graças ao Pai, que vos fez capazes de participar da herança dos santos na luz*. A razão disso se dá porque, como a ciência de Deus é causa das coisas, e não é causada pelas coisas, como é a nossa ciência, assim também

17. Tradução de "gratia gratum faciens", graça que torna alguém agradável a Deus, ou seja, a graça santificante, que une alguém a Deus.

18. PEDRO LOMBARDO, *Liber Sent.* I, d. 17, c. 1.

se dá com a vontade de Deus fazedora do bem, que não é causada pelo bem, como é a nossa vontade.

Portanto, assim se diz que o homem tem a graça de Deus, não só por isto, porque é amado por Deus para a vida eterna, mas porque se lhe concede um dom pelo qual é digno da vida eterna, e esse dom se diz graça santificante. Com efeito, de outro modo, o homem que está em pecado mortal poderia se dizer que está na graça se a graça significasse só a acepção divina, como sucederia se algum pecador estivesse destinado à vida eterna. Portanto, assim, a graça santificante pode ser chamada também graça dada de graça, mas não o inverso, porque nem toda graça dada de graça nos faz dignos da vida eterna.

Respostas aos argumentos[19]

1. Respondo, portanto, dizendo que a alma é causa formal da vida corporal, razão pela qual vivifica o corpo sem a mediação de nenhuma forma. Contudo, Deus vivifica a alma, não como causa formal, mas como causa eficiente, razão pela qual alguma forma é intermediária como, por exemplo, o pintor efetivamente torna uma parede branca mediante a brancura, porém a brancura a torna branca sem forma intermediária, porque faz formalmente o branco.

2. Respondo, dizendo que a mesma aceitação, que está na vontade divina com relação ao bem eterno, produz no homem aceito algo que lhe faz digno de conseguir aquele bem, o que não ocorre na aceitação humana. E, segundo isso, a graça santificante é algo criado na alma.

19. Na edição Taurini reproduzida por Enrique Alarcón não há esta divisão que ora propomos: *Responsiones ad argumenta*. Do mesmo modo, quando necessário, inserimos *Responsiones ad sed contra*, quando houver mais de um *sed contra*. O intuito é, conforme dito, orientar o leitor quanto à dinâmica da argumentação da exposição do Aquinate.

3. Respondo, dizendo que Deus causa o ser natural em nós pela criação sem a mediação de nenhuma causa agente, mas mediante alguma causa formal, pois a forma natural é o princípio do ser natural. E, de modo semelhante, Deus produz o ser espiritual gratuito em nós, sem a mediação de nenhum agente, só mediante alguma forma criada, que é a graça.

4. Respondo, dizendo que a saúde é certa qualidade corporal causada pelos humores adequados,[20] pois se coloca na primeira espécie de qualidade; e, assim, o argumento procede do falso.

5. Respondo, dizendo que da mesma liberalidade de Deus, pela qual quer para nós o bem eterno, segue-se que há em nós algo dado por Deus, que nos faz dignos daquele bem.

6. Respondo, dizendo que nenhuma criatura é absolutamente mais nobre do que a alma de Cristo, mas relativamente todo acidente de sua alma é mais nobre do que ela, enquanto se compara à mesma como sua forma. Ou se pode dizer que a graça, enquanto algo criado, não é mais nobre do que a alma de Cristo, mas enquanto é certa similitude da bondade divina mais expressamente do que a semelhança natural que há na alma de Cristo.

7. Respondo, dizendo que uma é a verdade primeira incriada, da qual muitas verdades, como similitudes da bondade primeira, são causadas nas mentes criadas, como diz a Glosa sobre o que se lê em Sl 11,2: *a lealdade desaparece dentre os filhos de Adão* etc.; de modo semelhante, uma é a bondade incriada, da qual há muitas similitudes nas mentes criadas pela participação

20. Cf. ARISTÓTELES, *Categoriae*, c. 8, 8b37.

da graça. Deve-se saber, porém, que não se relaciona do mesmo modo a graça com o afeto como a verdade com o intelecto, pois a verdade se relaciona com o intelecto como objeto, porém a graça se relaciona com o afeto como forma informante. Contudo, ocorre que uma mesma coisa pode ser objeto de diversos entes, não, porém, a mesma forma.

8. Respondo, dizendo que tudo o que está no gênero da substância é composto com uma composição real, pois este "o que é" no predicamento da substância é subsistente em seu ser, e é necessário que seu ser seja algo distinto do próprio "o que é", pois, de outro modo, não se poderia diferir segundo o ser dos outros entes, com os quais convém em razão da sua quididade, o que é requerido em todos os que estão diretamente no mesmo predicamento. E, por isso, tudo o que está diretamente no predicamento da substância é composto ao menos de "ser" e de "o que é".[21] Há, porém, certas coisas no predicamento da substância por redução, como os princípios da substância subsistente, nos quais não se encontra a dita composição, pois não subsistem, por isso não têm o próprio ser. De modo semelhante, ocorre com os acidentes, porque não subsistem, pois o "ser" não é propriamente deles, mas o sujeito, de alguma maneira, é conforme aos acidentes. Por isso, antes são ditos propriamente "do ente" do que "entes".[22] E por isso, para que algo esteja no predicamento do acidente, não é requerido que seja composto com composição real, mas só com composição de razão de gênero e diferença. E tal composição é encontrada na graça.

9. Respondo, dizendo que, ainda que por um só ato de pecado mortal se perca a graça, porém a graça não se perde facil-

21. Cf. BOÉCIO, *De hebdomadibus*. [Ed. Peiper. Teubner Lipsiae 1871, p. 169, 26.]
22. Cf. ARISTÓTELES, *Metaphysica*, V, c. 9, 1017a19; ibid., VII, c. 1, 1028a18.

mente, porque para o que tem a graça não é fácil cometer esse ato, pela inclinação ao contrário, como diz o Filósofo no Livro V da *Ética*,[23] que é difícil para o justo fazer coisas injustas.

10. Respondo, dizendo que entre nossa mente e Deus não cai nada de intermediário, nem por modo de causa eficiente, porque Deus cria e justifica imediatamente, nem por modo de objeto beatificante, porque a alma consegue a bem-aventurança pela fruição mesma de Deus. Pode, porém, existir um meio formal, pelo qual a alma se assemelha a Deus.

11. Respondo, dizendo que algumas criaturas irracionais são aceitas por Deus apenas com relação aos bens naturais. Por isso, a divina aceitação não acrescenta nada nelas sobre sua condição natural, porque essas coisas são proporcionadas ao bem daquelas. No entanto, o homem é aceito por Deus com relação ao bem sobrenatural. E, por isso, requer-se algo acrescentado a suas condições naturais, para que seja proporcional àquele bem.

23. ARISTÓTELES, *Ethica Nicomachea*, V, c. 15, 1137a17.

Artigo 2
Segundo, pergunta-se se a graça santificante é o mesmo que a caridade[24]

E parece que sim.

24. Lugares paralelos: *In II Sent.*, d. 26, a. 4; *STh*. I-II, q. 110, a. 3.

Argumentos

1. Com efeito, a graça santificante é aquele dom de Deus em nós pelo qual somos aceitos por Ele. Ora, isso se dá pela caridade, como se diz em Pr 8,17: *eu amo os que me amam*. Logo, a graça santificante é o mesmo que a caridade.

2. Além do mais, diz Agostinho[25] que esse benefício de Deus pelo qual a vontade do homem é preparada e predisposta é a fé, não, porém, a informe,[26] mas a formada, que se dá pela caridade. Portanto, como esse benefício é uma graça santificante, parece que a caridade é a própria graça.

3. Além do mais, para isto o Espírito Santo é enviado invisivelmente a alguém, para inabitar no mesmo. Logo, segundo o mesmo dom, é enviado e inabita. Contudo, diz-se que é envia-

25. AGOSTINHO, *Enchir*. c. 106: PL 40, 282.

26. Por "fé informe" Tomás entende a que há no homem sem a graça santificante: *STh*. II-II, q. 4, a. 5.

do segundo o dom da caridade,[27] assim como o Filho é segundo o dom da sabedoria, pela similitude desses dons para as pessoas. Diz-se, porém, que o Espírito Santo inabita na alma pela graça. Logo, a graça é o mesmo que a caridade.

4. Além do mais, o dom da graça é aquilo pelo qual nos tornamos dignos de conseguir a vida eterna. Ora, o homem se torna digno da vida eterna pela caridade, como é claro em Jo 14,21: *quem me ama será amado por meu Pai. Eu o amarei e me manifestarei a ele*; nessa manifestação consiste a vida eterna. Logo, a caridade é o mesmo que a graça.

5. Além do mais, na noção de caridade podem ser entendidas duas coisas, a saber, que por ela o homem é amado por Deus, e que por ela Deus é amado pelo homem. Contudo, é antes da noção da caridade que o homem seja amado por Deus, do que Deus seja amado pelo homem, como é claro em 1 Jo 4,10: *não fomos nós que amamos a Deus, mas foi ele quem nos amou*. Ora, essa é a noção de graça, que por ela o homem seja habituado a ser grato a Deus. Logo, como é o mesmo ser amado por Deus que ser grato a Deus, parece que é o mesmo a graça e a caridade.

6. Além do mais, diz Agostinho[28] que *só a caridade é o que divide entre filhos do Reino e filhos da perdição, pois os outros dons são comuns aos bons e aos maus*. Ora, a graça santificante distingue os filhos da perdição e os do Reino, e não existe, a não ser entre os bons. Logo, a graça é o mesmo que a caridade.

7. Além do mais, a graça santificante, como é um acidente, não pode estar senão no gênero da qualidade, e só na primeira

27. Cf. PEDRO LOMBARDO, *Lib. Sent.* I, d. 17, c. 1; ibid., d. 15, c. 8.

28. AGOSTINHO, *De Trinitate*. 15, c. 18: PL 42, 1082.

espécie, que é o hábito ou a disposição. E, também, por não ser ciência, não parece ser outra coisa do que virtude, e nenhuma outra virtude pode-se dizer graça, a não ser a caridade, que é a forma das virtudes. Logo, a graça é a caridade.

Ao contrário

1. Nada precede a si mesmo. Ora, a graça precede a caridade, como diz Agostinho no Livro II de *A predestinação dos santos.*[29] Logo, a graça não é o mesmo que a caridade.

2. Além do mais, diz-se em Rm 5,6: *o amor de Deus foi derramado em nossos corações pelo Espírito Santo, que nos foi dado.* Logo, a doação do Espírito Santo precede a caridade como a causa ao efeito. Ora, o Espírito Santo é dado segundo algum de seus dons. Portanto, algum dom existe em nós que precede a caridade. E isso não parece ser outra coisa do que a graça. Logo, a graça é algo distinto da caridade.

3. Além do mais, a graça sempre está em seu ato, porque sempre torna grato o homem. Ora, a caridade não está sempre em ato, pois nem sempre o que tem caridade ama em ato. Logo, a caridade não é a graça.

4. Além do mais, a caridade é certo tipo de amor. Ora, há o amor na medida em que somos amantes. Logo, há propriamente a caridade enquanto somos amantes. Contudo, não é segundo a mesma razão que somos aceitos por Deus e somos amantes, mas antes o inverso, pois os nossos atos não são causa da graça, mas o inverso. Logo, a graça, pela qual somos aceitos por Deus, é distinta da caridade.

29. Cf. AGOSTINHO, *De dono perseverantiae*, c. 16: PL 45, 1018.

5. Além do mais, o que é comum a muitos não está em ninguém por razão de algo que lhe seja próprio. Ora, produzir um ato meritório é comum a todas as virtudes. Portanto, a nenhuma lhe convém isso por algo que lhe seja próprio, e nem também a caridade. Logo, o que lhe convém relativamente é comum a todas as virtudes. Ora, o ato é meritório pela graça. Portanto, a graça é algo comum à caridade e às outras virtudes. Ora, não é algo comum só por predicação, como parece, porque assim seriam tantas graças quantas fossem as virtudes. Logo, é comum por modo de causa. E, assim, a graça é, pela essência, distinta da caridade.

6. Além do mais, a caridade aperfeiçoa a alma em ordem ao objeto amável. Ora, a graça não implica relação com qualquer objeto, tampouco em relação a qualquer ato, mas a certa forma de ser, a saber, o ser grato a Deus. Logo, a graça não é a caridade.

Respondo

Respondo, dizendo que alguns[30] dizem que a graça é por essência o mesmo que a virtude segundo a realidade, porém difere segundo a razão, de modo que virtude se diga do que aperfeiçoa o homem e seu ato torna-se aceito por Deus. E, entre outras virtudes, a que principalmente constitui a graça é a caridade. Outros,[31] porém, dizem que a caridade e a graça diferem por essência, que nenhuma virtude é por essência a graça. E essa opinião parece a mais razoável.

Com efeito, os fins são diversos segundo as distintas naturezas. Para a consecução de um fim nas coisas naturais, três coisas são antes exigidas, a saber, a natureza proporcionada a esse fim; a inclinação a esse fim, que é o apetite natural do fim; e o

30. Cf. PEDRO LOMBARDO, *Lib. Sent.* II, d. 27, c. 6.

31. Cf. ALBERTO MAGNO, *Super Sent.* II, d. 26, a. 11.

movimento ao fim. Assim como é claro que na Terra há certa natureza pela qual lhe é próprio estar no centro, e essa natureza segue uma inclinação para o centro, enquanto se inclina naturalmente para tal lugar, exceto quando é detida por violência; e, por isso, removido esse obstáculo, sempre se move para baixo.[32] Contudo, o homem, segundo sua natureza, é proporcionado a esse fim, para o qual tem um apetite natural, e segundo suas forças naturais pode atuar em ordem à consecução desse fim. Esse fim é certa contemplação das coisas divinas, a que é possível o homem segundo a capacidade da natureza, na qual os filósofos puseram a felicidade última do homem.

Mas há um fim para o qual o homem é preparado por Deus e que excede a proporção da natureza humana, a saber, a vida eterna, que consiste na visão de Deus por essência, que excede a proporção de qualquer natureza criada, e que só em Deus existe de modo conatural. Por isso é necessário que se conceda ao homem algo não só para se mover para o fim, ou para que seja inclinado a esse fim, mas para que a própria natureza do homem seja elevada a certa dignidade, segundo a qual tal fim lhe seja competente. E para isso se concede a graça, mas para inclinar o afeto até esse fim concede-se a caridade; e, para executar os atos pelos quais se pode conseguir o dito fim, são concedidas outras virtudes.

E, por isso, como nas coisas naturais, a natureza mesma é algo distinto da inclinação natural e de seu movimento ou operação; assim, também, nas coisas gratuitas, a graça é algo distinto da caridade e das outras virtudes. E que essa comparação seja correta é manifesto por Dionísio no Capítulo II de *A hierarquia celeste*,[33] onde diz que não pode haver uma operação espiritual, a não ser que antes haja o ser espiritual, como não pode

32. Cf. ARISTÓTELES, *De caelo*, I, c. 4, 269b4.

33. PSEUDO-DIONÍSIO, *Ecclesiasticae hierarchiae*, pars 1, § 1: PG 3, 392B.

haver operação de uma natureza, a não ser que antes tenha ser naquela natureza.

Respostas aos argumentos

1. Respondo, portanto, dizendo que Deus ama os que o amam, não, porém, de maneira que o amor dos que o amam seja a razão pela qual Deus os ama, mas antes o inverso.

2. Respondo, dizendo que se diz que a fé é a graça preveniente, enquanto no movimento da fé primeiro aparece o efeito da graça preveniente.

3. Respondo, dizendo que toda Trindade habita em nós pela graça, mas a inabitação pode ser atribuída especialmente a uma pessoa, por algum dom especial, que tem similitude com a mesma pessoa, razão pela qual também se diz que essa pessoa é enviada.

4. Respondo, dizendo que a caridade não bastaria para merecer o bem eterno, a não ser pressupondo a idoneidade do que merece, que é pela graça, pois, de outro modo, nosso amor não seria condigno de tão grande prêmio.

5. Respondo, dizendo que não há inconveniente que uma coisa seja anterior segundo a realidade, e seja posterior por razão de algum homem, assim como antes é causa da saúde que a mesma saúde esteja em um sujeito e que, porém, o termo saudável antes significa o que tem a saúde do que a causa da saúde. De modo semelhante, ainda que seja anterior o amor divino, com o qual Deus nos ama, ao amor com o qual nós amamos a Deus, é, porém, da noção de caridade antes fazer a Deus querido para nós do que fazer a nós queridos para Deus, pois o primeiro pertence ao amor enquanto é amor, não, porém, o segundo.

6. Respondo, dizendo que isso que só a caridade distingue entre os filhos da perdição e os filhos do Reino lhe convém enquanto não pode ser informe, assim como as outras virtudes. Por isso, a graça não pode ser excluída, pela qual a própria caridade é formada.

7. Respondo, dizendo que a graça está na primeira espécie de qualidade, ainda que não possa propriamente se dizer hábito, porque não se ordena imediatamente ao ato, mas a certo ser espiritual que se estabelece na alma, e é como certa disposição relativa à glória, que é a graça consumada. Porém nada se encontra semelhante à graça entre os acidentes da alma conhecidos pelos filósofos, porque os filósofos não conhecem senão os acidentes da alma que se ordenam aos atos proporcionados à natureza humana.

Resposta ao contrário

1-6. Concedemos os outros argumentos, ainda que alguns deles não concluam retamente.

Artigo 3

Terceiro, pergunta-se se uma criatura pode ser causa da graça[34]

E parece que não.

34. Lugares paralelos: *Super Sent.* I, d. 14, q. 3; *Sum. Th.* I-II, q. 112, a. 1; ibid., III, q. 62, a. 1 e q. 64, a. 1.

Argumentos

1. Diz-se em Jo 20,23 que o Senhor disse a seus discípulos: *aqueles a quem perdoardes os pecados ser-lhe-ão perdoados.* Por isso é claro que os homens podem perdoar os pecados. Ora, os pecados não são perdoados a não ser pela graça. Logo, os homens podem conferir a graça.

2. Além do mais, diz Dionísio, no Capítulo IV de *A hierarquia celeste*,[35] que assim como os corpos mais próximos do Sol recebem a luz dele e a difundem aos outros corpos, assim também as substâncias mais próximas de Deus recebem sua luz mais plenamente e a difundem a outras. Ora, a luz divina é a graça. Logo, algumas criaturas, que recebem mais plenamente a graça, podem conferi-las às outras.

35. Mais corretamente: PSEUDO-DIONÍSIO, *De Caelestis hierarchiae*, XIII, § 3 (MG 3,301A; Dion 949).

3. Além do mais, o bem, segundo Dionísio,[36] é por si mesmo difusivo. Portanto, aquele que tem mais razão de bem tem mais razão de difusão. Ora, as formas espirituais têm mais razão de bem do que as corporais, enquanto estão mais próximas do Sumo bem. Logo, como as forças corporais existentes em algumas criaturas são princípio de sua comunicação na similitude da espécie, com muito maior razão tem a graça, e poderá causar a graça em outro.

4. Além do mais, assim como o afeto[37] é aperfeiçoado pela luz divina da graça, assim o intelecto é aperfeiçoado pela luz da verdade. Ora, uma criatura pode conceder a luz do intelecto a outra criatura, pois é claro que, segundo Dionísio,[38] os anjos superiores iluminam os inferiores. Essa iluminação, de fato, segundo o mesmo,[39] é uma assunção da ciência divina. Logo, uma criatura racional pode dar a graça a outra criatura.

5. Além do mais, Cristo é nossa cabeça, segundo sua natureza humana. Ora, é próprio da cabeça infundir os sentidos e os movimentos aos membros. Logo, Cristo, segundo a natureza humana, difunde os sentidos espirituais e os movimentos nos membros do corpo místico, pelos quais se entende a graça, segundo Agostinho.[40]

6. Mas se poderia dizer que Cristo, segundo a natureza humana, infunde a graça nos homens por razão do ministé-

36. PSEUDO-DIONÍSIO, *De divinis nominibus*, c. 4 (MG 3,1001).

37. Tradução de "affectus", que significa aqui *a potência sensitiva*, mais especificamente a apetitiva, que gera as paixões da alma.

38. PSEUDO-DIONÍSIO, *De caelesti hierarchia*, c. 8: PL 3, 240.

39. PSEUDO-DIONÍSIO, *De caelesti hierarchia*, c. 7, § 3: PL 3, 209C.

40. Mais corretamente a *Glosa* de PEDRO LOMBARDO a Ef 1,22: PL 192, 178B.

rio. – Mas, ao contrário, Cristo é a cabeça da Igreja, acima de todos os outros. Ora, o operar por modo de ministério para a colação da graça convém também aos outros ministros da Igreja. Logo, para ser cabeça da Igreja, não é suficiente infundir a graça por modo de ministério.

7. Além do mais, a morte e a ressurreição convêm a Cristo segundo a natureza humana. Ora, assim como diz a Glosa[41] sobre o texto de Sl 29,6: *de tarde vem o pranto*, a ressurreição de Cristo é causa da ressurreição da alma no presente e do corpo no futuro. Ora, a ressurreição da alma no presente é pela graça. Logo, Cristo, segundo a natureza humana, é causa da graça.

8. Além do mais, a forma substancial, que dá o ser e o viver, é mais nobre do que toda forma acidental. Ora, algum agente criado pode atuar na forma substancial, que dá o ser e o viver, a saber, a vegetativa e a sensitiva. Logo, com maior razão o poderá fazer em uma forma acidental, que é a graça.

9. Mas se poderia dizer que a criatura não pode causar a graça, porque, por não ser eduzida[42] da potência da matéria, não se faz senão por criação. Contudo, criar é da potência infinita, pela infinita distância entre o ente e o nada. E, assim, não pode competir à nenhuma criatura. – Mas, ao contrário, não é possível percorrer o infinito.[43] Ora, a distância entre o ente e o nada pode ser percorrida, porque a criatura por si mesma cairia no nada, se não fosse mantida pela mão do Criador, segundo Gregório.[44] Logo, entre o ente e o nada não há uma distância infinita.

41. *Glosa* de PEDRO LOMBARDO: PL 191, 294D.

42. Tradução de "educatur", que significa aqui *ser tirada(o) de*. Nesse caso, refere-se à potência da matéria.

43. Cf. ARISTÓTELES, *Physica*, VI, c. 7, 237b23.

44. GREGÓRIO, *Moralia*, 21, c. 37: PL 75, 1143C.

10. Além do mais, poder criar a graça não quer dizer uma potência infinita absolutamente, mas apenas relativamente. E isso fica claro assim: se disséssemos que Deus não pode fazer outra coisa a não ser pela graça, não diríamos que seu poder é infinito absolutamente. Ora, não há inconveniente em que se confira a uma criatura uma potência infinita relativa, porque a própria graça tem, de algum modo, uma virtude infinita, enquanto une a um bem infinito. Logo, nada impede que uma criatura tenha o poder de causar a graça.

11. Além do mais, para a glória do rei, convém que tenha sob si militares potentes e virtuosos. Portanto, para a glória de Deus convém que os santos, que lhe são subordinados, sejam de grande poder. Logo, se se admite que algum santo possa conferir a graça, em nada se prejudica a glória divina.

12. Além do mais, diz-se em Rm 3,22: *justiça de Deus que opera pela fé em Jesus Cristo*. Ora, diz-se que em Rm 10,17: *a fé vem da pregação e a pregação é pela palavra de Cristo.*[45] Logo, como a palavra de Cristo vem pelo pregador, parece que a graça ou a justiça nos vem também pelo pregador da fé.

13. Além do mais, cada um pode dar a outro o que é seu. Ora, a graça, ou o Espírito Santo, é próprio de algum homem, porque lhe é dado. Logo, alguém pode dar a graça a outro, ou o Espírito Santo.

14. Além do mais, nenhum homem deve render contas daquilo que não está em seu poder. Ora, os prelados devem ren-

---

45. Utilizamos aqui a Bíblia de Jerusalém, mas será útil, para compreender a solução do argumento, considerar o texto do original latino usado por Tomás: *fides ex auditu etc.*, que pode ser traduzido assim: *a fé vem pelo ouvido etc.*

der contas das almas dos seus súditos, como se diz em Hb 13,17: *obedecei aos vossos dirigentes, e sede-lhes dóceis, porque velam pessoalmente sobre as vossas almas, e disso prestarão contas.* Logo, as almas dos súditos estão no poder dos prelados, para poder justificá-las pela graça.

15. Além do mais, os ministros de Deus são mais aceitos por Deus do que os ministros de um rei temporal ou do próprio rei. Ora, os ministros de um rei podem conceder à outra pessoa a graça de seu rei. Logo, os ministros de Deus podem conceder a outros a graça.

16. Além do mais, o que é causa de uma causa é causa do causado por esta. Ora, o sacerdote é causa da imposição das mãos, que é a causa pela qual se concede o Espírito Santo, como se diz em At 8,17: *então começaram a impor-lhes as mãos, e eles recebiam o Espírito Santo.* Logo, o sacerdote é causa da graça, na qual se concede o Espírito Santo.

17. Além do mais, todo poder comunicável à criatura é comunicado por Deus, porque se Deus pudesse comunicar, e não quisesse, seria invejoso, como diz Agostinho[46] para provar a igualdade do Filho. Ora, o poder de conferir a graça é comunicável à criatura, como diz o Mestre no Livro IV das *Sentenças.*[47] Logo, o poder de conferir a graça é comunicado a alguma criatura.

18. Além do mais, segundo Dionísio,[48] é lei da divindade conduzir a Deus as coisas últimas pelas intermediárias. Ora, a condução da criatura racional a Deus se faz pela graça. Logo, as

46. Cf. AGOSTINHO, *Cont. Maxim*, 2. c. 7: PL 42, 762; ibid., c. 15: PL 42, 782.
47. PEDRO LOMBARDO, *Lib. Sent.* IV, d. 5.
48. PSEUDO-DIONÍSIO, *De ecclesiastica hierarchia*, c. 5, pars 1, § 4: PG 3, 504C; *De caelesti hierarchia*, c. 4, § 3: PG 3, 181A.

criaturas racionais inferiores conseguem a graça pelas criaturas racionais superiores.

19. Além do mais, há maior força em expulsar o principal do que o acessório. Ora, aos homens é dado o poder de expulsar os demônios, que são para nós causa do mal, como é claro em Lc 10,17 e em Mt 10,8. Logo, aos homens lhes é dado também o poder de expulsar os pecados e, também, de conferir a graça.

20. Mas se poderia dizer que o homem faz isso por razão do ministério. – Mas, ao contrário, o sacerdote do evangelho é maior do que o sacerdote legal. Ora, o sacerdote legal[49] atua por modo de ministério. Logo, o sacerdote do evangelho tem algo a mais do que o ministério.

21. Além do mais, a alma vive a vida da natureza, e também a da graça. Ora, ela comunica a vida da natureza a outro, a saber, ao corpo. Logo, também pode comunicar a outro a vida da graça.

22. Além do mais, a culpa e a graça são contrárias. Ora, a alma pode ser para si mesma causa da culpa. Logo, pode ser para si mesma causa da graça.

23. Além do mais, diz-se que o homem é um micromundo,[50] na medida em que nele há uma similitude do macromundo. Ora, no macromundo, um efeito espiritual, a saber, a alma sensível e vegetal, é causado por uma criatura. Logo, também no micromundo, isto é, no homem, o efeito espiritual da graça pode ser causado por uma criatura.

---

49. Tradução de "sacerdos legalis", que significa aqui *servo da lei*, em contraposição a *servo do evangelho*, ou o "sacerdos evangelicus".

50. ARISTÓTELES, *Physica*, VIII, c. 4, 252b26.

24. Além do mais, segundo o Filósofo no Livro IV da *Meteorologia*,[51] cada ser é perfeito quando pode fazer outro semelhante a si, e fala da perfeição da natureza. Ora, a perfeição da graça é maior do que a da natureza. Logo, o que tem a perfeição da graça pode constituir outro na graça.

25. Além do mais, a ação da forma é atribuída a quem tem uma forma, por exemplo, aquecer, que é o ato do calor, atribui-se ao fogo. Ora, justificar é ato da justificação. Portanto, deve-se atribuir ao justo. Ora, a justificação não se dá a não ser pela graça. Logo, também o justo pode dar a graça.

Ao contrário

1. É o que diz Agostinho, no Livro XV do *Sobre a Trindade*,[52] que os santos varões não podem dar o Espírito Santo. Ora, com o dom da graça se dá o Espírito Santo. Logo, o homem santo não pode dar a graça.

2. Além do mais, se quem tem a graça pode dá-la a outro, isso não o faz criando nele a graça do nada, porque criar é só de Deus, tampouco o faz concedendo algo da graça que possui, porque assim sua graça diminuiria, e seria menos aceito por Deus, por fazer uma obra que é aceita por Deus, o que é inconveniente. Logo, de nenhum modo o homem pode dar a graça a outro.

3. Além do mais, Anselmo prova no livro *Por que um Deus homem?*,[53] que a reparação do gênero humano não pode

---

51. O texto latino faz referência à Metafísica, mas encontramos em: ARISTÓTELES, *Meteorologica*, IV, c. 3, 380a12-15; *De anima*, II, c. 4, 416b23-25.

52. AGOSTINHO, *De Trinitate*, c. 26: PL 42, 1093.

53. ANSELMO, *Cur Deus homo*, I, c. 5: PL 158, 365C.

se fazer por um anjo, porque então o homem seria devedor de sua salvação a um anjo, e de nenhuma maneira poderia chegar à igualdade do anjo. Ora, a salvação do homem é pela graça. Logo, o mesmo inconveniente se seguiria, se o anjo desse ao homem a graça. Contudo, com muito maior razão o homem não dá a graça. Logo, nenhuma criatura pode dar a graça.

4. Além do mais, segundo Agostinho,[54] é mais justificar o ímpio do que criar o céu e a terra. Ora, pela graça o ímpio é justificado. Portanto, como criar o céu e a terra nenhuma criatura pode fazer, também não pode conferir a graça.

5. Além do mais, toda ação se dá por alguma união do agente com o paciente.[55] Ora, nenhuma criatura pode acessar a mente,[56] na qual está a graça. Logo, nenhuma criatura pode conferir a graça.

Respondo

Respondo, dizendo que absolutamente se deve conceder que nenhuma criatura pode criar efetivamente a graça, ainda que alguma criatura possa exercer algum ministério ordenado à recepção da graça. A razão disso é tripla.

A primeira se toma da condição da mesma graça. Com efeito, como foi dito no Artigo 1 desta questão, a graça é uma perfeição que eleva a alma a certo ser sobrenatural. No entanto, nenhum efeito sobrenatural pode ser realizado por nenhuma criatura, por dois modos. Primeiro, de fato, porque o promover uma coisa além do estado de sua natureza é só próprio do que pode estabelecer e limitar o grau da natureza dos seres, o que consta que é único

54. AGOSTINHO, *In Joh. Ev. tract.* 72, n. 3: PL 35, 1823.

55. Cf. ARISTÓTELES, *De gener. et corrupt.*, I, c. 6, 322b22.

56. Cf. PSEUDO-AGOSTINHO, *De ecclesiasticis dogmat.*, c. 83: PL 58, 999B.

de Deus. Segundo, porque nenhuma virtude criada atua, a não ser pressuposta a potência da matéria ou algum sujeito da matéria. Contudo, a potência natural da criatura não se estende para além das perfeições naturais. Por isso, uma criatura não pode produzir nenhuma obra sobrenaturalmente. E então os milagres só podem ser feitos atuando o poder divino, ainda que para a realização do milagre uma criatura possa cooperar orando ou prestando algum ministério. E, por causa disso, nenhuma criatura pode efetivamente causar a graça.

A segunda razão se toma da operação da graça. De fato, pela graça é mudada a vontade do homem, porque a própria graça prepara a vontade humana para querer o bem, segundo Agostinho.[57] Contudo, mudar a vontade é exclusivo de Deus, ainda que, de algum modo, alguém possa mudar o intelecto de outro. Isso se dá por isto, porque, como o princípio de um ato é a potência e o objeto, o ato de uma potência pode ser mudado de dois modos. De um modo, por parte da potência, quando alguém atua na mesma potência, e isso é só de Deus com relação às potências que não são unidas a órgãos corporais, a saber, o intelecto e a vontade, pois nas outras potências, de alguma maneira, pode alguém atuar por acidente, enquanto tem sua ação nos órgãos. De outro modo, por parte do objeto, propondo um objeto que mova a dita potência. No entanto, o objeto não move a vontade por necessidade, a não ser que o objeto seja naturalmente querido, como o é a beatitude, ou algo semelhante, que só pode ser proposto à vontade por Deus. Porém os outros objetos não movem a vontade por necessidade. Mas os objetos que movem o intelecto por necessidade não são só os primeiros princípios conhecidos naturalmente, mas as conclusões, que não são conhecidas desse modo natural imediato, por sua necessária relação com os princípios, a saber, essa necessária relação não se encontra por parte da vontade dos outros bens com relação ao

57. AGOSTINHO, *Enchir*. c. 32: PL 40, 248.

bem naturalmente desejado, pois de muitas maneiras, ao menos segundo a consideração, pode-se chegar ao bem naturalmente desejado. Por isso, o intelecto pode mover suficientemente uma criatura por razão do objeto, mas não a vontade. De fato, por parte da potência, nem o intelecto, nem a vontade. Portanto, porque nenhuma criatura pode mover a vontade, tampouco a graça, pela qual a vontade é mudada, pode ser conferida por qualquer criatura.

A terceira razão se toma do fim da própria graça. Com efeito, o fim é proporcionado ao princípio agente, porque o fim e o princípio do universo são um. E, por isso, como a primeira ação, pela qual as coisas vêm à existência, isto é, a criação, é só de Deus, que é o primeiro princípio e o último fim, assim, também, a doação da graça, pela qual a mente racional se une imediatamente ao último fim, é só de Deus.

Respostas aos argumentos

1. Respondo, portanto, dizendo que só Deus ativamente perdoa os pecados, como é claro em Is 43,25: *eu sou o que apaga as tuas transgressões por amor de mim*; porém diz-se que os homens os perdoam por ministério.

2. Respondo, dizendo que Dionísio fala da transfusão da luz divina por modo de doutrina, pois assim os anjos inferiores são iluminados pelos superiores, o que intenciona o texto citado.

3. Respondo, dizendo que não é por defeito da bondade da graça que quem não a tem pode difundi-la no outro, mas que é por sua eminência e por defeito de quem a possui, porque a graça transcende o estado da natureza criada, e quem a possui não participa de tanta perfeição que a possa comunicar.

4. Respondo, dizendo que não há nisso semelhança entre o intelecto e a vontade, por razão já dita no corpo do artigo.

5. Respondo, dizendo que Cristo infunde a graça como causa eficiente, na medida em que o homem a difunde por ministério. Por isso, se diz em Rm 15,8: *pois eu vos asseguro que Cristo se fez ministro dos circuncisos para honrar a fidelidade de Deus, no cumprimento das promessas feitas aos pais.*

6. Respondo, dizendo que, por isso, Cristo segundo a natureza humana se diz cabeça da Igreja, porque tem um ministério acima deles, enquanto que pela fé nele somos santificados, e pela invocação do seu nome somos imbuídos dos sacramentos, e por virtude de sua paixão toda a natureza humana é purificada do pecado do primeiro pai. E há muitas outras coisas que só convêm a Cristo.

7. Respondo, dizendo que, assim como Damasceno[58] diz no Livro III, a própria humanidade de Cristo foi como certo instrumento da divindade e, por isso, todas as coisas que são de sua humanidade, como a ressurreição, a paixão e outras coisas, relacionam-se como efeito da divindade. Logo, assim, a ressurreição de Cristo não causa em nós a ressurreição espiritual, como causa principalmente agente, mas como causa instrumental. Ou se pode dizer que é causa de nossa ressurreição espiritual, enquanto que pela fé nele somos beatificados. Ou se pode dizer que é causa exemplar da ressurreição espiritual, enquanto que na mesma ressurreição de Cristo há certa semelhança com nossa ressurreição espiritual.

---

58. JOÃO DAMASCENO, *De fide orthodoxa*, III, c. 15: PG 94, 1060A; ibid., c. 19: PL 94, 1080B.

8. Respondo, dizendo que a alma sensitiva e a vegetativa não excedem o estado da natureza criada, como tampouco o excede nenhuma outra forma natural. E, por isso, o agente natural, pressuposta a potência que está na natureza com relação a essas formas, pode de algum modo eduzi-las. Não é, porém, semelhante à graça, como é claro pelo dito no corpo do artigo.

9. Respondo, dizendo que a razão não é suficiente para tudo o que foi dito. Criar é propriamente da coisa subsistente, a qual pertence o ser e o fazer. Contudo, as formas não subsistentes, seja as substanciais, seja as acidentais, não foram criadas propriamente, mas concriadas, como tampouco têm o ser por si, mas em outro; e, ainda que não tenham matéria da qual formem parte, têm, porém, uma matéria na qual se sustentam e da qual dependem e, por cuja mudança, são eduzidas ao ser, de maneira que o ser é propriamente a partir da transmudação de seus próprios sujeitos. Contudo, por outro lado, isso não se dá com relação à alma racional, que é forma subsistente. Por causa disso, convém às almas racionais o ser criado. Porém, suposta essa razão, fica resolvido o argumento, que conclui algo falso e de uma maneira falsa.

Dizemos, pois, que a distância entre duas coisas pode ser entendida de três modos. De um modo, que seja por cada parte infinita, como que tenha uma brancura infinita, e outra tenha uma negritude infinita. E desse modo há uma infinita distância entre o ser divino e o ser absolutamente. De outro modo, também que seja por parte de cada parte finita, como quando uma tem brancura finita e outra, negritude finita. E assim há a distância relativa entre o ser criado e o não ser. De um terceiro modo, de maneira que seja por uma parte finita, e por outra parte infinita, como se uma tivesse brancura finita, e outra negritude infinita. E tal é a distância entre o ser criado e o não ser absolutamente, porque o ser criado é finito, e o não ser absoluto é infinito, enquanto excede todo defeito que se pode pensar. Logo, essa distância pode ser transitada por aquela parte pela qual é finita, enquanto que o próprio ser finito é adquirido ou perdido. Contudo, não se pode transitar por aquela parte pela qual é infinita.

10. Respondo, dizendo que poder causar a graça pertence à potência infinita absoluta, enquanto é da potência, que é infinita, instituir a natureza. E, por isso, estas duas coisas não são compatíveis, que alguém possa dar a graça e que não possa fazer outros seres.

11. Respondo, dizendo que à glória do rei convém que seus militares tenham um poder tal e tão amplo que não subtraia deles a sujeição que lhe devem, não lhes convém, porém, se pelo poder a sujeição deles fosse removida. No entanto, pelo poder de conferir a graça à criatura se equiparia a Deus enquanto teria um poder infinito. Por isso, se alguma criatura tivesse tal poder, prejudicaria a glória divina.

12. Respondo, dizendo que o ouvido não é causa suficiente da fé, razão pela qual fica evidente que muitos ouvintes não creem. Ora, a causa da fé é aquilo que faz o crente assentir às coisas que se lhe dizem. Contudo, para assentir, ninguém está obrigado por nenhuma necessidade da razão, mas pela vontade. E, por isso, o homem que exteriormente anuncia algo não causa a fé, mas sim Deus, que é o único que pode mudar a vontade. Assim, causa a fé no crente, inclinando a vontade e iluminando o intelecto com a fé, de modo que não repugne essas coisas que propõe o pregador. Contudo, o pregador se comporta como o que dispõe exteriormente para a fé.

13. Respondo, dizendo que aquilo que é meu como possessão eu posso dá-lo a outro, mas não o que é meu como inerente, pois não posso dar a outro minha cor ou minha quantidade. Contudo, assim a graça é própria do homem, e não do primeiro modo.

14. Respondo, dizendo que o prelado, ainda que não possa dar a graça ao súdito, pode, porém, cooperar em específico para que a graça seja dada a outro, ou que não perca o que se lhe tinha dado. E, por razão disso, terá que prestar contas das almas dos súditos.

15. Respondo, dizendo que o ministro de um rei temporal não consegue a graça do rei para outro a não ser por intercessão. E, assim, os ministros de Deus podem conseguir a graça para algum pecador, impetrando com suas orações, mas não causando a graça no outro como causa eficiente.

16. Respondo, dizendo que a imposição das mãos não causa a vinda do Espírito Santo, mas, simultaneamente, com a imposição das mãos vem o Espírito Santo. Por isso não se diz no texto que os apóstolos, impondo as mãos, davam o Espírito Santo, mas que eles impunham as mãos e aqueles recebiam o Espírito Santo. Se, porém, disser que a imposição das mãos, de alguma maneira, é causa da recepção do Espírito Santo, é por modo como os sacramentos são causa da graça, como depois será dito, isso não ocorrerá pela imposição das mãos, enquanto é algo feito pelo homem, mas por instituição divina.

17. Respondo, dizendo que a opinião do Mestre, que o poder de criar e o de justificar podem ser concedidos à criatura, não é comumente ensinada. Ainda que também o Mestre não diga que se possa conferir à criatura o poder de justificar por autoridade, mas apenas por ministério. Todavia, disso não se segue que se é comunicável pela criatura, seja comunicado à criatura. Com efeito, quando se diz que tudo que é comunicável à criatura lhe é comunicado, deve-se entender daquilo que é requerido pela mesma natureza dessa criatura, mas não do que possa ser acrescentado à natureza das coisas apenas pela liberalidade divina, pois isso não cabe à inveja se não se confere. E, por isso, não é semelhante ao Filho. De fato, é da noção de filiação que o Filho tenha a natureza de quem o gera. Por isso, se Deus Pai não comunicasse ao Filho a plenitude de sua natureza, pareceria ou pertencer à impotência ou à inveja; e, principalmente, para aqueles que diziam que o Pai gera o Filho por necessidade da natureza.

18. Respondo, dizendo que as palavras de Dionísio não devem ser entendidas no sentido de que as coisas inferiores se unem ao fim último por virtude das causas intermediárias, mas porque as causas intermediárias dispõem para essa união, ou por iluminação, ou por qualquer outro ministério.

19. Respondo, dizendo que esse poder é dado aos apóstolos para expulsar os demônios dos corpos, que consta ser menos do que expulsar o pecado da alma. Tampouco lhe foi dado o poder de expulsar os demônios, mas por invocação do nome de Cristo, impetrando por oração, como é claro por isso que se diz Mc 16,17: *em meu nome expulsarão demônios.*

20. Respondo, dizendo que o sacerdócio legal não realiza a colação da graça nem também por modo de ministério, a não ser remotamente por exortação e doutrina. De fato, os sacramentos da Antiga Lei, dos quais ele era ministro, não conferiam a graça como a conferem os da Nova Lei, cujo ministro é o sacerdote do evangelho. Por isso o sacerdote do novo é mais digno do que o do velho Testamento, como prova o Apóstolo na epístola aos Hebreus.[59]

59. Cf. Hb 7ss.

21. Respondo, dizendo que a alma se relaciona diversamente com a vida natural e com a vida da graça. Com efeito, com a vida da graça se relaciona como o que vive por outro, e com a vida natural como pelo qual o outro vive. E, por isso, não pode comunicar a vida da graça, mas a recebe comunicada. De fato, comunica a vida da natureza, porém não a comunica senão enquanto formalmente unida ao corpo. Contudo, não é possível que uma alma se una formalmente a outra alma, que possa viver a vida da graça. Por isso não há semelhança com o argumento.

22. Respondo, dizendo que não é impossível para um agente atuar segundo a própria espécie ou outra inferior, mas não lhe é possível fazer nada acima dela. Contudo, a graça está acima da natureza da alma, porém a culpa ou é segundo a natureza, em relação à parte animal, ou é inferior, em relação à razão. Por isso, não há semelhança do modo de atuar da culpa e da graça.

23. Respondo, dizendo que no micromundo, a saber, no homem, um acidente espiritual, que não excede a natureza, é causado de alguma maneira por uma virtude criada, a saber, a ciência é iniciada pelo professor no discípulo. Contudo, isso não ocorre com a graça, porque excede a natureza. De fato, a alma sensitiva e a vegetativa estão contidas sob a ordem das coisas naturais.

24. Respondo, dizendo que a perfeição da graça está acima da perfeição da natureza por parte da forma que aperfeiçoa, mas não por parte da que é aperfeiçoada. Pois, de algum modo, é mais perfeitamente possuído o que é natural do que o que está acima da natureza, enquanto é proporcionado à virtude natural, enquanto que esta proporção é excedida pelo dom sobrenatural. E, por isso, por sua própria virtude alguém não pode comunicar um dom sobrenatural, ainda que possa produzir algo semelhante a ele na natureza. Porém isso não é universalmente verdadeiro, porque as criaturas mais perfeitas não podem fazer algo semelhante a elas, como o Sol não pode produzir outro Sol, nem um anjo pode produzir outro anjo. Isso, porém, só é verdadeiro nas criaturas corruptíveis, que foram providas por Deus para que se continue o ser segundo a espécie, o que não pode continuar segundo o indivíduo.

25. Respondo, dizendo que é duplo o ato da forma. Um é a operação, como o aquecer, que é ato segundo; e tal ato da forma se atribui ao suposto.[60] Outro ato da forma, porém, é a informação da matéria, que é o ato primeiro, como o vivificar o corpo é o ato da alma, tal ato não se atribui ao suposto da forma. Assim, pois, o justificar é ato da justiça ou da graça.

60. Tradução de "supposito" que significa aqui *a matéria*, cujo ato na forma do fogo nessa matéria é dito ato segundo, e é o aquecer.

Artigo 4

Quarto, pergunta-se se os sacramentos da Nova Lei são causa da graça[61]

E parece que não.

61. Lugares pararelos: *In IV Sent.*, d. 1, q. 1, a. 4, qc. 1 e d. 18, q. 1, a. 3, qc. 1, ad 1; *Quodl.* XII, q. 10; *CG.* IV, cap. 57; *De artic. fidei; Super Galat.*, cap. 2, l. 4; *STh.* I-II, q. 112, a. 1, ad 2 e III, q. 62, a. 1 e 6.

Argumentos

1. Com efeito, assim como diz Bernardo no sermão *Sobre a ceia do Senhor*:[62] *como o canônico é investido pelo livro, o abade pelo báculo, o bispo pelo anel, assim são distribuídas as graças nos distintos sacramentos*. Ora, o livro não é a causa do que canoniza, nem o báculo do abade, nem o anel do episcopado. Logo, nem os sacramentos são causa da graça.

2. Além do mais, se o sacramento é causa da graça, ou é a principal, ou é instrumental. Ora, não é a principal, porque assim só Deus é a causa principal da graça, como foi dito, tampouco a instrumental, porque todo instrumento tem alguma ação natural sobre aquilo no qual atua instrumentalmente. Ora, o sacramento, por ser algo corporal, não pode ter nenhuma ação natural sobre a alma, que é receptora da graça. E, assim, não pode ser causa instrumental da graça.

62. BERNARDO, *De coena domini*, n. 2: PL 183, 272A.

3. Além do mais, toda causa ativa ou é perfectiva ou dispositiva, como se pode encontrar na doutrina de Avicena.[63] Ora, o sacramento não é causa perfectiva da graça, porque assim seria causa principal da graça. Tampouco pode ser dispositiva, porque a disposição para a graça se dá no mesmo sujeito no qual reside a graça, a saber, na alma, a qual não alcança as coisas corporais. Logo, o sacramento não é de nenhum modo causa da graça.

4. Além do mais, se o sacramento é causa da graça, ou é por virtude própria, ou por alguma coisa acrescentada. Não é por virtude própria, porque assim qualquer água santificaria, como o que faz a água do batismo. De modo semelhante, nem por alguma virtude acrescentada, porque tudo que é recebido em outro sujeito é recebido por modo do que recebe. E, assim, como o sacramento é um elemento material, como diz Hugo de São Vítor,[64] não recebe a não ser a virtude material, que não é suficiente para a produção de uma forma espiritual. Logo, o sacramento não é de nenhum modo causa da graça.

5. Além do mais, essa virtude recebida em um elemento material, ou será corpórea, ou incorpórea. Se incorpórea, por ser certo acidente, e seu sujeito ser corpo, será um acidente mais digno do que o sujeito, pois o incorpóreo é mais nobre do que o corpo. Ora, se for uma virtude corpórea que causa a graça, que é uma forma espiritual e incorpórea, segue-se que o efeito é mais nobre do que a causa, o que de novo é impossível. Logo, é impossível que o sacramento cause a graça.

6. Mas se poderia dizer que essa virtude acrescentada não é algo completo em alguma espécie, porém algo incompleto. – Mas,

63. Cf. AVICENA, *Suffic.* I, cap. 10 (Apud Junctas, Venetiis, 1508, f. 19rvB).

64. HUGO DE SÃO VÍTOR, *De sacramentis*, I, p. IX, c. 2: PL 176, 317D.

ao contrário, o incompleto não pode ser causa do completo. Ora, a graça é algo completo. Logo, essa virtude incompleta não pode ser causa da graça.

7. Além do mais, o agente perfeito deve ter um instrumento perfeito. Ora, os sacramentos atuam como instrumentos de Deus, que é agente perfeitíssimo. Logo, devem ser perfeitos e ter virtude perfeita.

8. Além do mais, segundo Dionísio, no Livro I de *A hierarquia celeste*,[65] a lei da divindade é conduzir as coisas intermediárias pelas coisas primeiras, e as últimas pelas intermediárias. Portanto, vai contra a lei da divindade levar a Deus as coisas intermediárias ou as primeiras pelas últimas. Ora, na ordem das criaturas, as corporais são as últimas, e as substâncias espirituais são as primeiras. Logo, não é conveniente que pelos elementos corporais seja conferida à alma humana a graça, pela qual o homem é conduzido a Deus.[66]

9. Além do mais, Agostinho, no livro *As 83 questões*,[67] distingue uma dupla ação de Deus: uma, que atua pela criatura a Ele submetida; e, outra, que Ele realiza por si mesmo imediatamente e, desse modo, é o iluminar as almas. Ora, conferir a graça à alma é iluminá-la. Logo, Deus não se utiliza do sacramento como de um meio instrumental para conferir a graça.

10. Além do mais, se se confere ao elemento material uma virtude, pela qual possa causar a graça, ou essa virtude per-

---

65. PSEUDO-DIONÍSIO, *Cael. Hier.*, pars I, § 4: PG 3, 504C.

66. Sobre esse argumento, cf. BOAVENTURA, *Super Sent.* IV, d. 1, p. 1, a.u., q. 4, contra 6.

67. AGOSTINHO, *LXXXIII quaestionum*, *Quaestio* 53: PL 40, 36.

manece uma vez realizado o sacramento, ou não. Se permanecer, então, na água do batismo, depois de ser santificada pela palavra da vida, se alguém é batizado depois do batismo de outro, sem pronunciar nenhuma palavra, seria batizado, o que é falso. Contudo, se não permanece, por não empregar algum corruptivo contrário, deve-se dizer que falha por si mesma, e isso parece inconveniente (pois é algo espiritual, e dos bens esse é o máximo, por isso que é causa da graça), para que desvaneça por si mesma tão rapidamente.

11. Além do mais, o agente é mais nobre do que o paciente. Por isso, Agostinho prova, no Livro XII do *Comentário literal ao Gênesis*,[68] que o corpo não imprime na alma similitudes pelas quais conhece. Ora, é mais difícil que um corpo não unido à alma cause nela a forma sobrenatural da graça, do que o corpo unido à alma cause nela um efeito natural. Logo, de nenhum modo parece possível que os elementos corporais, que estão nos sacramentos, sejam causa da graça.[69]

12. Além do mais, mais eficazmente a alma dispõe a si mesma para ter a graça do que é disposta pelos sacramentos, porque a disposição, pela qual a alma dispõe a si mesma, conduz à graça, inclusive sem o sacramento, porém não o inverso. Ora, a alma, ainda que se disponha para a graça, não é considerada causa da graça. Logo, ainda que os sacramentos de algum modo disponham para a graça, não se deve dizer que são causa da graça.

13. Além do mais, nenhum artífice sábio se utiliza de um instrumento, a não ser segundo a conveniência do instrumento, assim como o carpinteiro não usa o martelo para cortar. Ora,

68. AGOSTINHO, *Super Genesim ad litteram*, c. 16: PL 34, 467.

69. Para todo esse argumento, cf. BOAVENTURA, *Super Sent.* IV, d. 1, p. 1, a.u., q. 4, contra.

Deus é um artífice sapientíssimo. Logo, não se utiliza de um instrumento corporal para um efeito espiritual, que não compete à natureza corporal.

14. Além do mais, o médico sábio aplica os remédios mais fortes às mais fortes enfermidades. Ora, a doença do pecado é veementíssima. Logo, para sua cura pela colação da graça, Deus deveria aplicar os remédios mais fortes, e não os elementos corporais.

15. Além do mais, a recriação da alma deve corresponder por semelhança de criação. Ora, Deus criou a alma mediante nenhuma criatura. Logo, deve recriá-la pela graça sem mediação do sacramento.

16. Além do mais, ter um auxílio é um sinal da impotência do agente. Ora, os instrumentos são uma ajuda ao agente para conseguir o efeito. Logo, a Deus, que é um agente potentíssimo, não Lhe compete o conferir a graça pelos sacramentos como instrumentos.

17. Além do mais, em todo instrumento se requer sua ação natural, que confere algo ao efeito pretendido pelo agente principal. Ora, a ação natural de um elemento material não parece que possa cooperar nada ao efeito da graça, pois a ablução não indica nenhuma relação mais próxima da alma do que a mesma água no batismo. Logo, esses sacramentos não operam para a graça por modo de instrumento.

18. Além do mais, os sacramentos não são conferidos sem o ministro. Logo, se os sacramentos são de algum modo causa da graça, também o homem será de algum modo causa da graça, o que vai contra o dito de Agostinho,[70] que diz que *ao ministro não lhe é conferido o poder de justificar para que a esperança não seja posta no homem.*

19. Além do mais, na graça se dá o Espírito Santo. Portanto, se os sacramentos são causa da graça, serão causa da doação do Espírito Santo, o que vai contra Agostinho,[71] que diz que *nenhuma criatura pode dar o Espírito Santo.* Logo, os sacramentos de nenhum modo são causa da graça.

Ao contrário

1. É o que o Mestre diz no Livro IV das *Sentenças,*[72] definindo assim o sacramento da Nova Lei: *o sacramento é a forma visível da graça invisível, de maneira que gera a imagem e é sua causa.*

2. Além do mais, diz Ambrósio[73] que a graça é mais forte do que a culpa, e isso é claro pelo Apóstolo em Rm 5,15ss. Ora, a culpa é causada na alma pelo influxo do corpo. Logo, a graça pode ser causada na alma pela santificação do elemento corporal.

3. Além do mais, ou pela instrução dos sacramentos se acrescenta algo aos sacramentos naturais, ou nada. Se nada, então, na instituição dos sacramentos não foi colocado algo no mundo, o que é inconveniente. Se, porém, acrescenta-se algo, por não ser acrescentado em vão, será efetivo de algo que antes os sacramentos naturais não podiam fazer. Ora, isso não pode

70. AGOSTINHO, *In Ioh. ev. tract.*, V, n. 7: PL 35, 1417.

71. AGOSTINHO, *De Trin.*, XV, c. 26: PL 42, 1093.

72. PEDRO LOMBARDO, *Sent.* IV, d. 1, c. 2-4.

73. PSEUDO-AMBRÓSIO, *Super Rom.*, V, 17: PL 17, 101.

ser senão a graça, pois para isso foram instituídos. Logo, os sacramentos são causa da graça.

4. Mas se poderia dizer que não se acrescenta a não ser certa ordem com relação à graça. – Mas, ao contrário, a ordem é certa relação. Ora, a relação sempre se funda sobre algo absoluto, por isso a relação a algo é só um movimento por acidente. Logo, se se acrescenta uma ordem, é necessário que se acrescente algo absoluto.

5. Além do mais, o absoluto não é causado pelo relativo, porque o relativo tem o ser debilíssimo. Logo, se aos sacramentos não se acrescenta nada pela instituição, a não ser uma relação, não poderiam santificar pela instituição, o que é contra Hugo de São Vítor.[74]

6. Mas se poderia dizer que essa relação não é causa da santificação, mas a divina virtude que acompanha os sacramentos. – Mas, ao contrário, ou a divina virtude, que é o próprio Deus, assiste os sacramentos novos de outro modo distinto dos antigos, ou não. Se não os assiste de outro modo, não têm depois de sua instituição um efeito distinto dos antigos. Se os assiste de outro modo, como Deus não se diz de modo novo que está nas criaturas a não ser por isso que um novo efeito faz com que esteja nelas, seria necessário que algo novo fosse acrescentado aos mesmos sacramentos. E, assim, o mesmo que antes.

7. Além do mais, em alguns sacramentos se requer a matéria santificada, como na extrema unção e na confirmação. Ora, essa santificação não se faz inutilmente. Logo, por ela se confere aos sacramentos alguma virtude espiritual, por cuja razão os

74. HUGO DE SÃO VÍTOR, *De Sacramentis*, 1, p. XI, c. 2: PL 176, 317D.

sacramentos podem ser de alguma maneira causa da graça, pois a isso se ordena aquela virtude.

Respondo

Respondo, dizendo que os sacramentos da Nova Lei, de alguma maneira, são causa da graça. Com efeito, por causa disso, dizia-se que a Antiga Lei matava e aumentava a transgressão, porque produzia o conhecimento do pecado e não conferia a graça que ajudava contra o pecado.[75] Portanto, se a Nova Lei não conferisse a graça, dir-se-ia que mataria de modo semelhante e aumentaria a transgressão, o que é o contrário do que professa a doutrina apostólica. Contudo, a Nova Lei não confere a graça apenas pela instrução, porque a Antiga Lei tinha isso, mas causando a graça, de alguma maneira, por seus sacramentos. Por isso, a Igreja não se contenta com o catecismo, com o que instrui aos que se aproximam dela, mas acrescenta os sacramentos, para obter a graça. Os sacramentos da Antiga Lei não conferiam a graça, mas só a significavam. Contudo, a significação pertence à instrução. Logo, assim, porque a Antiga Lei apenas instrui, seus sacramentos eram apenas sinais, mas como a Nova Lei tanto instrui quando justifica, seus sacramentos são sinal e causa da graça. De fato, de que modo são causa, nem todos ensinam do mesmo modo.

Com efeito, alguns[76] dizem que são causa da graça, não porque realizam algo para obter a graça, por uma virtude intrínseca a eles, mas porque em sua recepção é dada a graça por Deus, que assiste esses sacramentos, de maneira que assim se dizem causa da

75. Em 2 Cor 3,6-11, como diz PEDRO LOMBARDO, *Lib. Sent.* III, d. 40, c. 2.

76. Opinião sustentada por BOAVENTURA, *Super Sent.* III, d. 40, dub. 3, e atribuída a GUILHERMO DE ALVERNIA, *De sacramento baptismi*, c. 2 e 3 (Opera omnia, Parisiis, 1674, t. 1, p. 418 e 422). Mais amplamente elaborada por RICARDO FISHACRE, *Super Sent.* IV, d. 1 (ed. H.-D. Simonin e G. Meersseman, *De sacramentorum eficácia apud theologs ord. Praed.* [Romae 1936] p. 15 e 17ss.).

graça por modo de causa sem a qual não.[77] E expõem este exemplo: que alguém entregue um denário de chumbo e receba cem libras, não por isso o denário de chumbo é causa eficiente de algo para receber as cem libras, mas porque assim está determinado por aquele que as pode dar, que todo que ofereça tal denário receba tanto dinheiro. De modo semelhante, está estabelecido por Deus que o que recebe os sacramentos realmente recebe a graça, não dos sacramentos, mas do próprio Deus. E dizem que essa é a doutrina do Mestre no Livro IV das *Sentenças*,[78] como disse que *o sacramento busca a salvação nas coisas inferiores a ele, ainda que não provenha delas*. Contudo, essa opinião não parece suficientemente salvar a dignidade dos sacramentos da Nova Lei. Com efeito, se consideramos bem o exemplo proposto por eles e outros exemplos similares, não se encontra que eles chamem causa sem a qual não a que tenha alguma relação com o efeito, a não ser como sinal. Pois o denário de chumbo não é sinal senão do recebimento do dinheiro, e o báculo o é do poder, que confere o abade. Por isso, se assim se relacionam os sacramentos da Nova Lei com a graça, segue-se que são apenas sinais da graça, e assim nada têm acrescentado aos sacramentos da Antiga Lei. A não ser talvez que se diga que os sacramentos da Nova Lei sejam sinais da graça, que se dá junto com eles, enquanto que os da Antiga Lei o são da graça prometida.[79] Ora, isso pertence mais à condição do tempo do que à dignidade dos sacramentos, porque naquele tempo se prometia a graça, porém agora é o tempo da plenitude da graça, por causa da reparação da natureza humana já feita. Por isso, esses sacramentos, se naquele tempo fossem conferidos segundo o todo que agora têm, não teriam mais do que aqueles, nem aqueles antigos teriam mais do que os novos, sem adição alguma.

E, por isso, deve-se dizer que de alguma maneira os sacramentos da Nova Lei fazem algo na consecução da graça. Ora,

77. Tradução do termo: *sine qua non*.

78. PEDRO-LOMBARDO, *Sent.* IV, d. 1, c. 5.

79. Cf. PEDRO-LOMBARDO, *Liber Sent.*, IV, d. 1, c. 6.

alguém para realizar um efeito opera de dois modos. De um modo, assim como agente por si, e se diz por si agir o que age por alguma forma inerente a ele, por modo de natureza completa, ou que tem essa forma dita por si, ou a tem recebido de outro, ou que a tem recebido de outro modo, ou naturalmente ou violentamente; segundo esse modo, diz-se que o Sol e a Lua iluminam, que o fogo e o ferro esquentado e a água fervente aquecem. De outro modo, é o do agente realizar o seu efeito de maneira instrumental, que, de fato, não opera o efeito por uma forma inerente a ele, mas só enquanto é movido por outro agente por si. Com efeito, essa é a noção de instrumento, enquanto é instrumento, que move sendo movido. Por isso, assim como se relaciona a forma completa com o agente principal, assim se relaciona o movimento com o que é movido por esse agente, com relação ao instrumento, como a serra é operada para fazer um banco. Com efeito, ainda que a serra tenha alguma ação, que lhe compete segundo sua própria forma, como dividir, porém, tem algum efeito que não lhe compete senão enquanto é movida pelo artesão, a saber, fazer uma incisão reta e conveniente à forma da arte. E, assim, um instrumento tem duas operações: uma, que lhe compete segundo a forma própria; outra, que lhe compete segundo que é movido pelo agente por si, que transcende a virtude da forma própria.

Portanto, deve-se dizer que nem o sacramento, nem alguma criatura pode dar a graça por modo de agente por si, porque isso é apenas da virtude divina, como é claro pelo artigo precedente. Ora, os sacramentos operam com relação à graça de modo instrumental, o que é claro assim. Damasceno[80] diz, no Livro III, que a natureza humana em Cristo era como certo órgão da divindade e, por isso, a natureza humana comunicava algo na operação da virtude divina, como quando Cristo, ao tocar o leproso, curou-o, pois, assim, o mesmo tato de Cristo causava

80. JOÃO DAMASCENO, *De fide orthodoxa*, III, c. 15: PG 94, 1060A.

instrumentalmente a saúde ao leproso. Contudo, assim como a natureza em Cristo comunicava instrumentalmente para efeito da divina virtude nos efeitos corporais, assim também nos espirituais. Por isso, o sangue de Cristo, derramado por nós, teve a virtude purificativa dos pecados, segundo se diz em Ap 1,5: *que nos lavou de nossos pecados com seu sangue*; e em Rm 3,24: *são justificados no sangue do mesmo* [Cristo].[81]

E, assim, a humanidade de Cristo é causa instrumental da justificação. Essa causa, de fato, é aplicada por nós espiritualmente pela fé e corporalmente pelos sacramentos, porque a humanidade de Cristo é espírito e é corpo, a saber, para que percebamos o efeito da santificação, que é de Cristo. Por isso, é perfeitíssimo esse sacramento, no qual o corpo de Cristo está contido realmente, a saber, a eucaristia, e é também como a consumação de todos os outros sacramentos, como diz Dionísio no Capítulo III do livro *A hierarquia eclesiástica*.[82] Porém outros sacramentos participam algo dessa virtude pela qual a humanidade de Cristo atua instrumentalmente na justificação e, por essa causa, o santificado pelo batismo é santificado pelo sangue de Cristo, como diz o Apóstolo em Hb 10,10. Por isso, a paixão de Cristo opera nos sacramentos da Nova Lei. E, assim, os sacramentos da Nova Lei são causa da graça, operando na graça como instrumentalmente.

Respostas aos argumentos

1. Respondo, portanto, dizendo que Bernardo não trata suficientemente da noção dos sacramentos da Nova Lei, falando deles enquanto são sinais, e não segundo que são causas.

---

81. Para melhor compreensão do texto de Tomás, optamos aqui por não traduzir esse trecho conforme a tradução da Bíblia de Jerusalém.

82. PSEUDO-DIONÍSIO, *De ecclesiastica hierarchia*, c. 3, par. 1: PG 3, 424D.

2. Respondo, dizendo que os sacramentos da Nova Lei não são causa principal da graça, como agentes por si, mas causa instrumental. E segundo o modo de outros instrumentos tem uma dupla ação: uma, que excede a própria forma, mas é por virtude da forma principal do agente, a saber, de Deus, que é justificar; e, outra, que exerce segundo a forma própria, como o purificar e o ungir. E essa ação atinge corporalmente o mesmo homem justificado, de modo direto no corpo, e de modo indireto na alma, que sente essa ação corporal, mas espiritualmente atinge a alma, enquanto que ela o percebe no intelecto como sinal de uma purificação espiritual.

3. Respondo, dizendo que, porque o último fim corresponde ao primeiro agente como principal, por isso, aos que não agem principalmente não são atribuídos o último fim, mas a disposição para o fim último. E, assim, os sacramentos se dizem causa da graça por modo de instrumentos que dispõem.

4. Respondo, dizendo que os sacramentos não operam na graça por virtude da própria forma, pois assim se opera como agente por si, mas operam por virtude principal do agente, a saber, de Deus, que há neles. De fato, essa virtude não tem o ser completo na natureza, mas é algo incompleto no gênero de ente, que é claro por isso que o instrumento move enquanto é movido. Contudo, o movimento é um ato imperfeito, segundo o Filósofo;[83] por isso, assim como os que movem, enquanto já estão como no término do movimento assemelhados ao agente, movem pela forma perfeita e, assim, aqueles que movem, enquanto estão no mesmo mover-se, movem por virtude incompleta. E essa virtude está no ar para mover a visão segundo que é mudada pela cor da parede durante essa operação, não como já foi reali-

83. ARISTÓTELES, *Physica*, III, c. 3, 201b31.

zado. Por isso, a espécie da cor está no ar por modo de intenção, e não por modo de ente completo, como está na parede. E, de modo semelhante, os sacramentos operam na graça enquanto são como movidos por Deus para esse efeito. E é, de fato, um movimento que se toma segundo a instituição, a santificação e a aplicação àqueles que se aproximam do sacramento. Por isso, têm virtude não por modo de ente completo, mas como incompleto. E, assim, não é inconveniente que a virtude espiritual esteja na coisa material, assim como as espécies das cores estão como espiritualmente no ar.

5. Respondo, dizendo que essa virtude não se pode dizer corpórea, nem incorpórea, propriamente falando, pois a corpórea e a incorpórea são diferenças do ser completo, mas a virtude faz referência propriamente ao incorpóreo, como o movimento se diz mais "em direção ao ente" do que "ente". Contudo, a objeção procede como se essa virtude fosse certa forma completa.

6. Respondo, dizendo que o incompleto não pode ser causa do completo assim como o agente por si, porém o incompleto pode ser ordenado ao completo por modo de causa, como dizemos que o movimento do instrumento é causa da forma introduzida pelo agente principal.

7. Respondo, dizendo que não é da perfeição do instrumento que aja por virtude completa, mas que aja enquanto move, e assim por virtude incompleta. Por isso, não se segue que os sacramentos sejam instrumentos imperfeitos, ainda que sua virtude não seja um ente completo.

8. Respondo, dizendo que o instrumento se compara à ação mais do que enquanto é atuado do que enquanto atua, pois é próprio do agente que aja instrumentalmente. E, assim, ainda que os seres últimos não levem os seres intermediários ou supremos a Deus, podem, porém, os seres últimos se comportar como meios para que os seres superiores e intermediários sejam levados a Deus. Por isso Dionísio[84] diz que é natural a nós que sejamos levados pelas coisas sensíveis a Deus. E isso também assinala a causa da necessidade dos sacramentos visíveis, no Capítulo I de *A hierarquia celeste.*[85]

9. Respondo, dizendo que iluminar a alma compete a Deus sem a mediação de nenhuma criatura que atue por si mesma ou como causa principal, porém pode existir algum meio como agente de modo instrumental e dispositivo.

10. Respondo, dizendo que há alguns sacramentos nos quais se requer uma matéria santificada, como na extrema unção e na confirmação, porém há alguns nos quais não se requer por necessidade do sacramento. Portanto, em todos é verdadeiro que a virtude do sacramento não consiste só na matéria, mas na matéria e forma simultaneamente, pois as duas são um só sacramento. Por isso, de qualquer maneira que se aplique a matéria do sacramento ao homem sem a devida forma das palavras e sem as outras coisas que se requerem para isso, não se segue o efeito do sacramento. Ora, nos sacramentos que necessitam de uma matéria santificada, a virtude do sacramento permanece parcialmente, não de modo completo, na matéria, depois do uso do sacramento. Porém nos sacramentos que não necessitam de uma matéria santificada, nada permanece depois do uso do sacramento, assim, a água na qual foi celebrado o batismo não tem nada que não tenha outra água, a não ser, talvez, por mistura do crisma, que, porém, não é da necessidade do sacramento. Nem

84. PSEUDO-DIONÍSIO, *De cael. hier.*, c. § 3: PG 3, 121D.

85. PSEUDO-DIONÍSIO, *De cael. hier.*, par. 5: PG 3, 377A.

é inconveniente para que essa virtude cesse, porque essa virtude se comporta como o que vem a existir e a se mover, como foi dito. E, desse modo, o movente cessa cessando o movimento, pois imediatamente, quando o motor cessa de mover, também o móvel cessa de ser movido.

11. Respondo, dizendo que, ainda que o elemento do corpo seja mais ignóbil do que a alma, e por causa disso não possa efetuar algo na alma por virtude da própria natureza, pode, porém, efetuar na alma enquanto é instrumento que atua por virtude divina.

12. Respondo, dizendo que a alma atua dispondo a graça por virtude da própria natureza, mas o sacramento por virtude divina é como um instrumento dela. E, por isso, não é semelhante.

13. Respondo, dizendo que o sacramento, segundo a própria forma significa, ou tem aptidão para significar, esse efeito ao qual que se ordena divinamente. E segundo isso, é um instrumento conveniente, porque os sacramentos causam significando.

14. Respondo, dizendo que os sacramentos da Nova Lei não são remédios deficientes, mas válidos, enquanto neles opera a paixão de Cristo. Porém, os sacramentos da Antiga Lei, que precederam a paixão de Cristo, dizem-se deficientes, como é claro em Gl 4,9: *como é possível voltardes novamente a estes fracos e miseráveis elementos aos quais vos quereis escravizar outra vez?*

15. Respondo, dizendo que a criação nada pressupõe sobre o que pode fazer a ação do agente instrumental, porém a recriação o pressupõe. E, por isso, não há semelhança.

16. Respondo, dizendo que Deus não se utiliza de instrumentos ou causas intermediárias em sua ação por sua indigência, mas para a conveniência dos efeitos. Com efeito, é conveniente que os remédios divinos se apliquem a nós segundo nossa maneira de ser, isto é, através das coisas sensíveis, como diz Dionísio, no Capítulo II de *A hierarquia celeste.*[86]

17. Respondo, dizendo que a ação natural do instrumento material ajuda o efeito do sacramento, enquanto por ela se aplica o sacramento ao que o recebe e enquanto que a significação do sacramento se completa por essa ação antes indicada, como a significação do batismo pela ablução.

18. Respondo, dizendo que há alguns sacramentos nos quais não se requer um ministro determinado, como está claro no batismo. E, em tais, a virtude do sacramento não consiste de nenhum modo no ministro. De fato, em outros sacramentos se requer um ministro determinado e, nesse caso, a virtude desses sacramentos consiste parcialmente no ministro, como na matéria e na forma. Porém não se diz que o ministro justifica, a não ser por modo de ministério, enquanto opera para a justificação conferindo o sacramento.

19. Respondo, dizendo que o Espírito Santo não é dado a não ser por Aquele que causa a graça como agente principal, o que pertence só a Deus. E, por isso, só Deus dá o Espírito Santo.

86. PSEUDO-DIONÍSIO, *De cael. hier.*, par. 5: PG 3, 377A.

Artigo 5

Quinto, pergunta-se se em um homem há uma só graça santificante[87]

E parece que não.

87. Lugares paralelos: *In II Sent.*, d. 26, a. 6 e IV, d. 1, q. 1, a. 4, qc. 5, in c. e ad 1.

Argumentos

1. Com efeito, nada se divide contra si mesmo. Ora, a graça se divide em operante e cooperante. Logo, há diversas graças, a saber, a operante e a cooperante.[88] E, assim, em um só homem não há apenas uma só graça santificante.

2. Mas se poderia dizer que há uma só graça habitual, que é operante e cooperante, mas a divisão se toma segundo os diversos atos. – Mas, ao contrário, os hábitos se distinguem pelos atos. Portanto, se os atos são diversos, não poderia haver um só hábito das duas graças.

3. Além do mais, ninguém tem necessidade de pedir o que já tem. Ora, o que tem a graça preveniente tem a necessidade de pedir a subsequente, segundo Agostinho.[89] Logo, não é uma só a graça preveniente e subsequente.

---

88. Cf. PEDRO LOMBARDO, *Lib. Sent.* II, d. 26, c. 1.

89. AGOSTINHO, *Enchir.* Cap. 32: PL 40, 248, segundo PEDRO LOMBARDO, *Liber Sent.*, d. 26, c. 2 e 4.

4. Mas se poderia dizer que o que tem a graça preveniente não pede a graça subsequente como outra graça, porém como a conservação da mesma graça. – Mas, ao contrário: a graça é mais poderosa do que a natureza. Ora, o homem no estado de natureza íntegra podia se manter por si mesmo naquilo que havia recebido, como se diz no Livro II das *Sentenças.*[90] Logo, aquele que recebe a graça preveniente pode permanecer nela. E, assim, não tem necessidade de pedir essa permanência.

5. Além do mais, a forma se diversifica segundo a diversidade das coisas perfectíveis. Ora, a graça é forma das virtudes. Logo, como as virtudes são muitas, a graça não pode ser una.

6. Além do mais, a graça preveniente pertence a esta vida, mas a graça subsequente pertence à glória. Por isso Agostinho[91] diz: *previne para que vivamos piedosamente, e segue para que sejamos glorificados.* Ora, uma é a graça desta vida, e outra é a graça da pátria celeste, pois não é a mesma a perfeição da natureza desta vida e a da natureza glorificada, como diz o Mestre no Livro II das *Sentenças.*[92] Logo, a graça preveniente e a subsequente não são o mesmo.

7. Além do mais, a graça operante pertence ao ato interior, e a graça cooperante ao ato exterior. Por isso diz Agostinho[93] que *previne para que queiramos, e segue para que não queiramos inutilmente.* Ora, não é o mesmo o que é princípio do ato interior e do ato exterior, como é claro nas virtudes, pois a caridade

90. PEDRO LOMBARDO, *Liber Sent.*, c. 24, c. 1.

91. AGOSTINHO, *De natura et gratia*, c. 31: PL 44, 264.

92. PEDRO LOMBARDO, *Liber Sent.*, d. 4, c.u.

93. AGOSTINHO, *Enchir.*, cap. 32: PL 40, 248, segundo PEDRO LOMBARDO, *Liber Sent.* II, d. 26, c. 2 e 4.

se dá para o ato interior, enquanto que a fortaleza e justiça e as outras virtudes semelhantes se dão para os atos exteriores. Logo, não é a mesma a graça operante e a cooperante, ou a preveniente e a subsequente.

8. Além do mais, assim como a culpa é um defeito na alma por parte do afeto, assim a ignorância é por parte do intelecto. Ora, um único hábito não expulsa toda ignorância do intelecto. Logo, nem pode ser um só hábito que expulsa toda culpa do afeto. Ora, a graça expulsa toda a culpa. Logo, a graça não é um só hábito.

9. Além do mais, a graça e a culpa são contrárias. Ora, uma só culpa não infecta todas as potências da alma. Logo, nenhuma só graça pode aperfeiçoar todas as potências da alma.

10. Além do mais, sobre Ex 33,13: *se encontrei graça*, diz a Glosa:[94] *aos santos não lhes basta uma só graça. Há uma que precede, para que conheçam e amem a Deus; há outra que segue para que se conservem puros e inviolados, e progridam.* E, assim, em um só homem não há uma só graça.

11. Além do mais, um modo diverso, que tem uma dificuldade especial, requer um hábito diverso, como sobre a colação dos grandes dons, que por sua magnitude oferecem dificuldade, requer uma virtude especial, a saber, a magnificência, além da liberalidade, que consiste nos dons comuns. Ora, querer um bem perseverantemente tem especial dificuldade sobre isso que é querer bem absolutamente. Porém querer o bem absolutamente é da graça preveniente, e querer o bem de modo per-

94. Glosa ordinária.

severante é da graça subsequente. Por isso Agostinho[95] diz que a graça previne para que o homem queira e segue-se para que a realize e persevere. Logo, a graça subsequente é hábito distinto da graça preveniente.

12. Além do mais, os sacramentos da Nova Lei são causa da graça, como foi dito, no Artigo 4 desta questão. Ora, sacramentos diversos não se ordenam a um mesmo efeito. Logo, no homem há diversas graças que são conferidas por sacramentos diversos.

13. Mas se poderia dizer que os sacramentos posteriores não se conferem para introduzir outra graça, mas para aumentá-la. – Mas, ao contrário, o aumento da graça não varia a espécie da graça. Logo, se a proporção das causas é segundo a proporção dos efeitos, seguir-se-ia, pela resposta vista, que os sacramentos não difeririam segundo a espécie.

14. Mas se poderia dizer que os sacramentos diferem em espécie segundo as diversas graças dadas de graça que se conferem nos diversos sacramentos, e são também os efeitos próprios dos sacramentos. – Mas, ao contrário, a graça dada de graça não se opõe à culpa. Logo, como os sacramentos principalmente se ordenam contra a culpa, parece que os efeitos próprios dos sacramentos, segundo os quais esses se distinguem uns dos outros, não são graças dadas de graça.

15. Além do mais, pelos diversos pecados se produzem na alma diversas feridas, todas as quais são sanadas com a graça. Portanto, as distintas feridas respondem às distintas medicinas,

95. AGOSTINHO, *Enchir.*, cap. 32: PL 40, 248, segundo PEDRO LOMBARDO, *Liber Sent.*, dist., 26, c. 2 e 4.

pois, segundo as palavras de Jerônimo,[96] não cura o olho o que cura o calcanhar. Parece, então, que há diversas graças.

16. Além do mais, ninguém pode ter e não ter uma mesma coisa simultaneamente. Ora, alguns têm a graça operante e não têm a cooperante, como as crianças batizadas. Logo, não é a mesma graça operante e cooperante.

17. Além do mais, a graça se relaciona com a natureza como a perfeição ao perfectível. Ora, na natureza humana assim ocorre: não provém imediatamente do mesmo princípio o ser e a operação, pois a alma, por razão de sua essência, é princípio do ser, mas segundo a potência é o princípio da operação. Logo, como nas coisas gratuitas, a graça operante ou preveniente é o princípio do que é o ser espiritual, porém a graça cooperante é o princípio da operação espiritual. Parece, então, que não é a mesma graça operante e cooperante.

18. Além do mais, um só hábito não pode ao mesmo tempo e de uma só vez produzir dois atos. Ora, o ato da graça operante, que é justificar, ou sanar a alma, e o ato da graça cooperante ou subsequente, que é operar justamente, estão simultaneamente na alma. Logo, a graça operante e a cooperante não são o mesmo. E, assim, no homem não há uma só graça.

Ao contrário

1. Onde é suficiente um é supérfluo colocar muitos. Ora, uma só graça do homem é suficiente para a salvação, pois se diz em 2 Cor 12,9: *basta-te a minha graça*. Logo, no homem há uma só graça.

96. Segundo a *Glosa ordinária* sobre Mc 9,28 tomada de Ps.-Jerônio, *Comment. in ev. Marci*, cap. 9: PL 30, 638C.

2. Além do mais, a relação não multiplica a essência da coisa. Ora, a graça cooperante só acrescenta à operante uma relação. Logo, a mesma graça é por essência operante e cooperante.

Respondo

Respondo, dizendo que, assim como pelo dito no Artigo 1 desta questão, é claro que se diz graça ou porque é algo dado de graça, ou porque é graça santificante. Contudo, é manifesto que as graças dadas de graça são diversas. Com efeito, são diversas as coisas que são conferidas divinamente ao homem e de modo gratuito, acima de todo mérito e da faculdade da natureza humana, como a profecia, a operação dos milagres, e outras coisas semelhantes, sobre as quais diz o Apóstolo em 1 Cor 12,4: *há diversidade de dons*. Mas não vamos tratar dessas coisas aqui. Contudo, a graça santificante, como pode constar pelo dito no Artigo 1 desta questão, pode ser tomada de dois modos: de um modo, pela mesma aceitação divina, que é a vontade gratuita de Deus; de outro modo, por algum dom criado, que aperfeiçoa formalmente o homem e lhe faz digno da vida eterna. Portanto, tomada a graça nesse segundo modo, é impossível que no homem se dê mais de uma graça.

A razão disso se dá porque a graça se diz segundo que por ela o homem é ordenado suficientemente para a vida eterna, pois se diz graça como aceito por Deus para que tenha a vida eterna. No entanto, aquilo que se põe suficientemente para ordenar uma coisa a algo é necessário que haja apenas um, porque se fossem muitos, nenhum desses elementos seria suficiente, ou os outros seriam inúteis. Mas por isso é necessário que a graça também seja uma coisa simples. Com efeito, seria possível que uma só coisa não fosse suficientemente digna da vida eterna, mas, para fazer o homem digno da vida eterna, seriam necessárias muitas coisas, por exemplo, muitas virtudes. Se fosse assim, nenhuma dessas muitas coisas poderia se dizer graça, mas todas simultaneamente se diriam uma só graça, porque com todas elas não se faria no homem senão uma só dignidade com relação à vida eterna. Contudo, a graça não é assim, mas como um só hábito simples. E, por isso, o hábito se diversifica na alma segundo a ordem para diversos atos, porém os mesmos atos não são a razão da aceitação divina, mas antes o homem é aceito por Deus, e depois os seus atos, segundo se encontra em Gn 4,4: *o Senhor agradou-se de Abel e de sua oferenda*. Por isso, o dom que Deus concede àqueles que Ele aceita para seu reino e glória se pressupõe para as perfeições ou hábitos, com os quais são aperfeiçoados os atos, para que sejam dignos de serem aceitos por Deus. E, assim, é necessário que o hábito da graça permaneça indiviso, como precedente àquelas coisas com as quais se faz a distinção dos hábitos na alma.

Contudo, se se toma a graça santificante segundo o primeiro modo, a saber, pela vontade gratuita de Deus, assim consta que por parte do mesmo Deus que aceita a graça há somente uma graça de Deus, não só com relação a um, mas com relação a todos, porque em tudo que há n'Ele não pode existir o diverso; porém, por parte dos efeitos, a graça pode ser múltipla, de modo que todo efeito que dizemos que Deus faz em nós por sua vontade gratuita, pela qual nos aceita em seu Reino, pertence à graça santificante, assim como infunde em nós bons pensamentos e santos afetos. Portanto, assim, a graça, segundo que é certo dom habitual em nós, é apenas uma, porém, segundo que diz algum efeito de Deus em nós, ordenado para nossa salvação, pode-se dizer que há muitas graças em nós.

Respostas aos argumentos

1. Respondo, portanto, dizendo que a graça operante e a cooperante podem se distinguir tanto por parte da mesma vontade gratuita de Deus, quanto por parte do dom dado a nós. Com efeito, a graça se diz operante com relação apenas a esse efeito que produz, mas se diz cooperante não apenas com relação ao efeito que produz, mas junto com a cooperação do livre-arbítrio. De fato, por parte da gratuidade de Deus, a graça operante se diz a mesma justificação do ímpio, que se produz pela infusão do mesmo dom gratuito. Com efeito, esse dom só é causado em nós pela vontade gratuita divina, nem de algum modo pode ser sua causa o livre-arbítrio do homem, a não ser por modo de disposição suficiente. Porém, por parte da própria graça cooperante, se diz segundo que opera no livre-arbítrio, causando seu movimento, e impulsionando o ato da execução exterior e concedendo a perseverança, na qual em tudo o livre-arbítrio faz algo. E, assim, consta que uma é a graça operante e outra a cooperante. Porém, por parte do dom gratuito, a mesma graça se diz por essência operante e cooperante. De fato, a operante, segundo que informa a alma; de modo que operante formalmente se entenda segundo a forma de falar pela qual dizemos que a brancura faz branca a parede, pois assim não é de nenhum modo ato do livre-arbítrio. Porém cooperante se diz segundo que inclina ao ato intrínseco e extrínseco, e segundo que concede a faculdade de perseverar até o fim.

2. Respondo, dizendo que os diversos efeitos que se atribuem à graça operante e cooperante não podem diversificar o hábito. De fato, os efeitos que se atribuem à graça operante são causas dos efeitos que se atribuem à graça cooperante. Assim, pois, do fato que a vontade é informada por algum hábito, segue-se que emana dela o ato de querer. E pelo mesmo ato de querer é causado o ato exterior. E também a mesma firmeza do hábito é causa da resistência pela qual resistimos ao pecado. E, assim, um único e mesmo hábito da graça que informa a alma realiza o ato interior e exterior, e faz também a perseverança, enquanto resiste às tentações.

3. Respondo, dizendo que, qualquer que seja o grau em que o homem tenha o hábito da graça, sempre necessitará da operação divina, a qual opera em nós segundo os modos ditos antes, e isso por causa da debilidade da nossa natureza e pela multiplicidade dos impedimentos que, de fato, não existiam no estado de natureza pura. Por isso, então, o homem podia se manter em pé por si mesmo mais do que agora, não, porém, pelo defeito da graça, mas por causa da debilidade da natureza, ainda que também, então, necessitasse da providência divina, para ajudá-lo e dirigi-lo. E, por isso, o que tem a graça tem necessidade de pedir o auxílio divino, que pertence à graça cooperante.

4. E, por isso, é clara a solução ao quarto argumento.

5. Respondo, dizendo que a graça não se diz forma das virtudes como parte essencial das virtudes, pois assim seria necessário que, multiplicadas as virtudes, se multiplicasse a graça. Contudo, diz-se forma da virtude, enquanto completa formalmente os atos das virtudes. Ora, o ato da virtude é informado de três modos. De um modo, enquanto que a substância do ato se acrescenta às condições devidas, por cuja limitação se constitui no meio da virtude. E isso tem o ato da virtude pela prudência, pois o meio do ato virtuoso se obtém pela reta razão, como se diz no Livro II da *Ética*.[97] E, assim, a prudência se diz forma de todas as virtudes morais. No entanto, o ato da virtude, assim constituído no meio, é como o material, com relação à ordem ao fim último, ordem essa que, de fato, vem do ato da virtude pelo império da caridade. E, assim, a caridade se diz ser a forma de todas as outras virtudes. Ulteriormente, porém, a graça acrescenta a eficácia do merecer, pois nenhum dos valores de nossas operações é considerado digno da glória eterna, a não ser pressuposta

97. ARISTÓTELES, *Ethica Nicomachea*, II, c. 7, 1107a1.

a aceitação divina. E, desse modo, a graça se diz forma tanto da caridade, quanto de outras virtudes.

6. Respondo, dizendo que a graça preveniente e subsequente se diz segundo a ordem daquelas coisas que se encontram no ser gratuito. Das quais, a primeira é a informação do sujeito, ou a justificação do ímpio, que é o mesmo; a segunda, porém, é o ato da vontade; a terceira é o ato exterior; a quarta é o progresso espiritual e a perseverança no bem; e a quinta é a consecução do prêmio.

Portanto, distingue-se de um modo a graça preveniente e a subsequente, de modo que a graça preveniente se diga porque se justifica o ímpio, porém a subsequente conforme opera, uma vez justificado. Segundo, de modo que a preveniente se diga conforme alguém quer retamente, mas subsequente segundo a reta vontade consegue operar no exterior. Terceiro, como graça preveniente para se referir a todas essas coisas, porém a subsequente se refere à perseverança no que foi dito antes. Quarto, a graça preveniente se refere a todo o estado do merecer, enquanto que a graça subsequente se refere ao prêmio.

Contudo, nas três primeiras distinções está claro como a graça preveniente e a subsequente são as mesmas ou diversas, segundo as coisas ditas com relação ao operante e ao cooperante. Porque, segundo esse modo, o mesmo parece ser a graça preveniente e subsequente que opera e que coopera. Porém, conforme a quarta distinção, se se toma em si mesmo o dom gratuito que se chama graça, encontra-se que a graça preveniente é o mesmo que a graça subsequente. Com efeito, assim como a caridade que se tem nesta vida não desaparece, mas permanece aumentada na pátria celeste, por causa disso que em sua razão não implica nenhum defeito, assim também ocorre com a graça, como em si não implica nenhum defeito, por seu aumento se faz a glória. E não se diz ser diversa a perfeição da natureza no estado desta vida e da pátria celeste por causa da forma diversa que aperfeiçoa, mas por causa da medida diversa da perfeição. Contudo, se tomamos a graça com todas as virtudes as quais informa, assim a graça e a glória não são o mesmo, porque algumas virtudes desvanecem na pátria celeste, como a fé e a esperança.

7. Respondo, dizendo que o ato exterior e interior, ainda que sejam diversos os perfectíveis, são, porém, ordenados, porque um é causa do outro, como foi dito.

8. Respondo, dizendo que no pecado são consideradas duas coisas, a saber, a conversão e a aversão. De fato, segundo a conversão, os pecados se distinguem entre si, mas na aversão todos são conexos, enquanto o homem, por qualquer pecado mortal, afasta-se do bem imutável.[98] Portanto, aos pecados por razão da conversão se opõem as virtudes. E, assim, os diversos pecados são expulsos pelas distintas virtudes, como as diversas ignorâncias das diversas ciências. Porém, por parte da aversão, todos os pecados são remidos por uma só coisa, que é a graça. Contudo, as ignorâncias não são convertidas em uma só. E, por isso, não é semelhante.

9. Respondo, dizendo que uma só culpa se encontra em todas as culpas, como vemos que um só hábito da virtude ou da graça aperfeiçoa todas as virtudes. E, por essa razão, uma só culpa não infecta todas as potências, como uma só graça as aperfeiçoa. De fato, não de maneira que se encontre em todas como em seu sujeito, mas enquanto informa os atos de todas as potências.

10. Respondo, dizendo que essa graça que se segue ou se entende como outro efeito da vontade gratuita divina, ou se entende como o mesmo hábito da graça com relação a outro efeito, como é claro pelo dito na solução 6 deste artigo.

---

98. Cf. AGOSTINHO, *De lib. Arbitr.* 3, c. 1: PL 32, 1269.

11. Respondo, dizendo que ter firme e imutavelmente o hábito e o operar é a condição que se requer para toda virtude, como é claro pelo Filósofo no Livro II da *Ética*:[99] e, por isso, esse modo não requer um hábito especial.

12. Respondo, dizendo que assim como as diversas virtudes e os diversos dons do Espírito Santo se ordenam a diversos atos, assim também os diversos efeitos dos sacramentos são como diversas medicinas para o pecado, e participações da virtude da paixão do Senhor, que dependem da graça santificante, como as virtudes e os dons. Ora, as virtudes e os dons têm seu nome especial, porque os atos aos quais se ordenam são manifestos. Por isso, distinguem-se da graça conforme o nome. Contudo, os defeitos do pecado, contra os quais são instituídos os sacramentos, são ocultos. Por isso também os efeitos dos sacramentos não têm nomes próprios, mas se denominam com o nome de graça. Com efeito, dizem-se graças sacramentais, e com relação a elas se distinguem os sacramentos como em relação aos seus próprios efeitos. No entanto, esses pertencem à graça santificante, que se une a eles. E, assim, com todos esses efeitos, os sacramentos têm um efeito comum que é a graça santificante, que pelo sacramento se dá ao que não a tem e se aumenta ao que a tem.

13 e 14. E, por isso, é clara a solução para o décimo terceiro e o décimo quarto argumentos.

15. Respondo, dizendo que todos os pecados, por parte da aversão, inferem uma só ferida, como foi dito, na solução ao argumento 8 deste artigo. E, assim, por um só dom da graça se curam. Ora, por parte da conversão se inferem diversas feridas,

99. ARISTÓTELES, *Ethica Nicomachea*, II, c. 4, 1105a32.

que se curam pelas diversas virtudes e pelos diversos efeitos dos sacramentos.

16. Respondo, dizendo que nas crianças, ainda que não haja imediatamente a graça cooperante em ato, porém, a graça cooperante está em virtude. Com efeito, a graça operante que receberam é suficiente para cooperar com o livre-arbítrio, quando puderem ter o uso dele.

17. Respondo, dizendo que assim como a essência da alma é imediatamente um princípio do ser, mas é princípio da operação mediante as potências, assim o efeito imediato da graça é conferir o ser espiritual, que pertence à informação do sujeito, ou à justificação do ímpio, que é efeito da graça operante. Ora, o efeito da graça, mediante as virtudes e os dons, é realizar os atos meritórios, o que pertence à graça cooperante.

18. Respondo, dizendo que dois atos, que são operações distintas e não são ordenados entre si, não podem ser causados por um só hábito simultaneamente e em conjunto. Mas dois atos, dos quais um é a operação e o outro é a informação do sujeito, ou inclusive duas operações, das quais uma é causa da outra, assim como o ato interior é causa do exterior, podem ser causados por um só hábito. E assim se comportam os atos da graça operante e cooperante, como é claro pelo que foi dito na solução aos argumentos 6 e 7.

Artigo 6

Sexto, pergunta-se se a graça está na essência da alma, como em um sujeito[100]

E parece que não.

100. Lugares paralelos: *In II Sent.*, d. 26, a. 3 e IV, d. 4, q. 1, a. 3, qc. 3, ad 1; *STh.* I-II, q. 110, a. 4.

Argumentos

1. Com efeito, assim como se relaciona o hábito que está na potência com o efeito da potência, assim também se deve relacionar o hábito ou a perfeição que está na essência com o efeito dessa essência. Ora, o hábito, que está em alguma potência, aperfeiçoa a potência com relação a seu ato, como a caridade aperfeiçoa a vontade para querer. Contudo, o próprio efeito da essência da alma é o ser que a alma confere ao corpo, porque a alma, segundo sua essência, é a forma do corpo. Logo, como a graça não aperfeiçoa em ordem ao ser natural, que a alma confere ao corpo, não estará na essência da alma como no sujeito.

2. Além do mais, os opostos estão destinados a atuar acerca do mesmo.[101] Contudo, a graça e a culpa se opõem. Logo, como a culpa não está na essência da alma (que é claro por isso que nada é privado da essência da alma, pois o pecado ou a culpa, segundo

---

101. Cf. ARISTÓTELES, *Topica*, II, c. 4, 111a14. ["Tópicos", presente em *Órganon*, obra publicada em *Clássicos Edipro*. (N.E.)]

Agostinho, no Capítulo IV do livro *A natureza do bem*,[102] é privação do modo, da espécie e da ordem), parece que a graça não está na essência da alma como no sujeito.

3. Além do mais, as coisas gratuitas pressupõem as coisas naturais. Ora, as potências são propriedades naturais da alma, segundo Avicena.[103] Logo, a graça não está na essência da alma, a não ser pressuposta a potência. E, assim, está imediatamente na potência como no sujeito.

4. Além do mais, ali onde está o hábito ou qualquer forma se encontra o seu efeito. Ora, qualquer efeito da graça tanto operante quanto cooperante se encontra nas potências, como é claro ao examinar os singulares. Logo, a graça está nas potências da alma como no sujeito.

5. Além do mais, a imagem da recriação corresponde à imagem da criação; e essa dupla imagem se distingue na Glosa[104] sobre o que se lê em Sl 4,7: *Senhor, levante sobre nós a luz da tua face*. Ora, a imagem da criação é tomada segundo as potências, a saber, segundo a memória, a inteligência e a vontade, que estão nas potências da alma, como diz o Mestre no Livro I das *Sentenças*.[105] Logo, a graça é relativa às potências da alma.

6. Além do mais, os hábitos adquiridos se distinguem dos hábitos infusos. Ora, todos os hábitos adquiridos estão nas potências da alma. Logo, também a graça que é um dom habitual infuso.

---

102. AGOSTINHO, *De nat. boni*, c. 4: PL 42, 553.

103. AVICENA, *De anima*, V, c. 7 (Venetiis, 1508, f. 27rbC).

104. *Glosa* de PEDRO LOMBARDO sobre Sl 4,7: PL 191, 88B.

105. PEDRO LOMBARDO, *Sent.* I, d. 3, c. 2.

7. Além do mais, segundo Agostinho,[106] é pela graça que se prepara a boa vontade do homem. Ora, a vontade não é aperfeiçoada a não ser pela graça. Logo, a graça é a perfeição da vontade. E, assim, está na vontade como no sujeito, e não na essência da alma.

Ao contrário

1. A graça está na alma segundo que se ordena a Deus. Ora, toda a alma se ordena a Deus enquanto se encontra na potência para receber algo d'Ele. Logo, a alma segundo a sua totalidade é receptiva da graça. Ora, tudo na alma é a mesma substância da alma, e as partes são as potências. Logo, a alma segundo a substância é o sujeito da graça.

2. Além do mais, o primeiro dom de Deus está no que em nós é primeiro e mais próximo de Deus. Ora, a graça é o primeiro dom de Deus em nós, pois, como diz Agostinho no Livro II de *A predestinação dos santos*,[107] a mesma graça precede a fé, a caridade e outras coisas semelhantes. Ora, o que é primeiro em nós, e é mais próximo de Deus, é a essência da alma, da qual fluem as potências. Logo, a graça está na essência da alma como no sujeito.

3. Além do mais, um mesmo criado não pode existir em diversos. Ora, a graça é algo criado. Logo, não pode existir em diversos. Ora, a graça se estende aos atos de todas as potências, enquanto podem ser meritórios. Portanto, está na essência da alma, ou em todas as potências. Ora, não está em todas. Logo, está na essência da alma como no sujeito.

---

106. AGOSTINHO, *De gratia et libero arbitrio*, c. 17: PL 44, 901, reconhecido no texto de PEDRO LOMBARDO, *Lib. Sent.* II, d. 26, c. 1.

107. Na verdade a referência é de outra obra de AGOSTINHO, *De dono perseverantiae*, c. 16: PL 45, 1018.

4. Além do mais, a causa secundária recebe a influência da causa principal antes que receba os efeitos da causa secundária.[108] Ora, a essência da alma é princípio das potências. E, assim, é causa secundária delas, das quais a causa primária é Deus. Logo, a essência da alma recebe a influência da graça antes do que as potências.

Respondo

Respondo, dizendo que, assim como foi dito antes no artigo 4, há duas opiniões sobre a graça. Uma, que diz que a graça e as virtudes são o mesmo pela essência. E segundo essa opinião, é necessário dizer que a graça está verdadeiramente nas potências da alma como no sujeito, segundo a verdade da coisa, enquanto que a virtude que aperfeiçoa para a operação não pode estar a não ser na potência, que é princípio da operação. Mas, por certa apropriação se pode dizer, segundo essa opinião, que a graça se relaciona com a essência,[109] porém a virtude se relaciona com a potência, segundo que a graça e a virtude, ainda que não se distingam por essência, distinguem-se, ao menos, segundo a razão, porque a gratificação pertence antes à mesma alma do que ao seu ato, pois a alma não é aceita por Deus por causa de seus atos, mas o inverso, como foi dito no Artigo 4.

Porém a outra opinião, que sustentamos, é que a graça e a virtude não são o mesmo por essência. E, segundo isso, é necessário dizer que a graça está na essência da alma como no sujeito, e não na potência, porque, como a potência, como tal, ordena-se à operação, é necessário que a perfeição da potência, segundo a própria razão, ordene-se à operação. Contudo, isto é o que faz a noção de virtude, que seja proximamente perfectiva para agir retamente. Por isso, seria necessário, se a graça estivesse na alma,

108. Cf. *Liber de causis*, comm. 1.

109. Cf. BOAVENTURA, *Super Sent.* II, d. 26, a.u., q. 5.

que fosse o mesmo junto com alguma virtude. Logo, como isso não se sustenta, é necessário dizer que a graça está na essência da alma, aperfeiçoando esta, enquanto dá a ela certo ser espiritual, e a faz, de alguma maneira, partícipe da natureza divina, como se encontra em 2 Pd 1,4, assim como as virtudes aperfeiçoam as potências para operar retamente.

Respostas aos argumentos

1. Respondo, portanto, dizendo que, ainda que a graça não seja princípio natural, aperfeiçoa, porém, o ser natural, enquanto acrescenta o ser espiritual.

2. Respondo, dizendo que a culpa atual não pode estar senão na potência, que é o princípio do ato. No entanto, a culpa original está na alma segundo sua essência e por ela se une como uma forma da carne, pela qual se contrai na alma a infecção original. E, ainda que não destrua nada do que há de essencial na alma, porém entorpece a ordem da essência da alma até a graça, por modo de certa remoção, assim como as disposições contrárias removem a potência da matéria com relação ao ato da forma.

3. Respondo, dizendo que as coisas gratuitas pressupõem as coisas naturais, se ambas as coisas são tomadas proporcionalmente. E, por isso, a virtude, que é princípio gratuito de uma operação, pressupõe a potência, que é princípio natural da mesma coisa. Também a graça, que é princípio do ser espiritual, pressupõe a essência da alma, que é princípio do ser natural.

4. Respondo, dizendo que o primeiro e imediato efeito da graça se encontra na essência da alma, a saber, a forma segundo o ser espiritual.

5. Respondo, dizendo que a imagem da criação consiste na essência e nas potências, enquanto pela essência da alma se representa a unidade da essência divina, e pela distinção das potências se representa a distinção das pessoas. E, de modo semelhante, a imagem da recriação consiste na graça e nas virtudes.

6. Respondo, dizendo que os hábitos adquiridos são causados por nossos atos, e, por isso, não pertencem à alma, a não ser mediante as potências das quais são atos. Porém a graça procede da influência divina. E, por isso, não é semelhante.

7. Respondo, dizendo que a graça prepara a vontade, mediante a caridade, da qual a graça é a forma.

ARTIGO 7

SÉTIMO, PERGUNTA-SE SE A GRAÇA ESTÁ NOS SACRAMENTOS[110]

E parece que não.

110. Lugares paralelos: *In I Sent.*, d. 15, q. 5, a. 1, qc. 1, ad 2 e IV, d. 1, q. 1, a. 4, qc. 4; *De artic. fidei; STh.* I, q. 43, a. 6, ad 4 e III, q. 62, a. 3.

Argumentos

1. Com efeito, a culpa se opõe à graça. Ora, a culpa não está em algo corporal. Logo, nem a graça está nos sacramentos, que são elementos materiais, segundo Hugo de São Vítor.[111]

2. Além do mais, a graça ordena para a glória. Ora, só a natureza racional é capaz da glória. Logo, nela só pode haver graça. E, assim, não está nos sacramentos.

3. Além do mais, a graça é computada entre os máximos bens. Ora, os máximos bens estão nos bens como no sujeito. Logo, como os bens intermediários são a alma e suas potências, parece que a graça não pode estar em outro sujeito. E, assim, não está nos sacramentos.

4. Além do mais, assim como se relaciona o sujeito corporal com o acidente corporal, assim também se relaciona o

---

111. HUGO DE SÃO VÍTOR, *De sacramentis fidei*, I, p. IX, c. 2: PL 176, 317D.

sujeito espiritual com acidente espiritual. Logo, mudando os termos, assim como o sujeito corporal se relaciona com o acidente espiritual, assim também o sujeito espiritual se relaciona com o acidente corporal. Ora, o acidente corporal não pode estar em nenhum sujeito espiritual. Logo, tampouco o acidente espiritual, que é a graça, pode estar nos elementos corporais dos sacramentos.

Ao contrário

1. É o que diz Hugo de São Vítor[112] que *os sacramentos por santificação contêm uma graça invisível.*

2. Além do mais, diz o Apóstolo em Gl 4,9, que os sacramentos legais são fracos e miseráveis elementos; porque não contêm a graça, como diz a Glosa.[113] Logo, se nos sacramentos da Nova Lei não se dá a graça, também seriam fracos e miseráveis elementos, o que é um absurdo.

3. Além do mais, sobre as palavras do Sl 17,12: *das trevas ele fez seu véu*, diz a Glosa[114] que *a remissão dos pecados está posta no batismo*. Ora, a remissão dos pecados é pela graça. Logo, a graça está no sacramento do batismo e, por igual razão, está nos outros sacramentos.

Respondo

Respondo, dizendo que a graça está nos sacramentos, não, de fato, como o acidente no sujeito, mas como efeito na causa, por esse modo pelo qual os sacramentos podem ser causa da graça. Contudo, diz-se que os efeitos estão na causa de dois modos.

112. HUGO DE SÃO VÍTOR, *De sacramentis*, I, p. IX, c. 2: PL 176, 317D.

113. *Glosa* de PEDRO LOMBARDO: PL 191, 141B.

114. *Glosa* de PEDRO LOMBARDO: PL 191, 192B.

De um modo, segundo que a causa tem domínio sobre o efeito, como quando dizemos que nossos atos estão em nós. E, assim, nenhum efeito está na causa instrumental, que não move, mas é movida. Por isso, tampouco a graça está assim nos sacramentos. De outro modo, por sua similitude, segundo que a causa produz efeito semelhante a ela. E isso ocorre de quatro modos.

Primeiro modo, quando a similitude do efeito está na causa segundo o ser natural, e segundo a mesma razão, assim como ocorre nos efeitos unívocos. Por esse modo se pode dizer que o calor do ar está no fogo que aquece. Segundo modo, quando a similitude do efeito está na causa segundo o ser natural, mas não segundo a mesma razão, como é claro nos efeitos equívocos, por esse modo o calor do ar está no Sol. Terceiro modo, quando a similitude do efeito está na causa não segundo o ser natural, mas o espiritual, porém estável, como as similitudes das coisas artificiais estão na mente do artífice, pois a forma da casa na mente do arquiteto não é certa natureza, tal como a virtude da calefação está no Sol, ou o calor no fogo, mas é certa intenção inteligível que repousa na alma. Quarto modo, quando a similitude do efeito está na causa não segundo a mesma razão, nem como certa natureza, nem como o que repousa, mas por modo como certo fluxo que está na causa, como as similitudes dos efeitos estão nos instrumentos, mediante os quais as formas fluem das causas principais aos efeitos. E, desse modo, a graça está nos sacramentos. E tanto menos, quanto os sacramentos não chegam direta e imediatamente à mesma graça, sobre a qual agora falamos, mas aos próprios efeitos, que são ditos graças sacramentais, aos quais a infusão da graça santificante, ou o seu aumento, segue.

Respostas aos argumentos

1. Respondo, portanto, dizendo que a culpa está como na causa, em algo puramente corporal, a saber, como o pecado original está no sêmen.

2 e **3.** O segundo e o terceiro argumento concluem que a graça não está nos sacramentos como no sujeito.

4. Respondo, dizendo que o espiritual não pode ser instrumento da coisa corporal, como o inverso. E, por isso, não vem a propósito a proporção mudada no argumento.

Resposta ao contrário

Concedemos as outras coisas dos argumentos opostos, porém de modo que se entenda que a graça está nos sacramentos como nas causas instrumentais e dispositivas, e isso em razão da virtude, pela qual operam para conferir a graça.

Ética a Eudemo

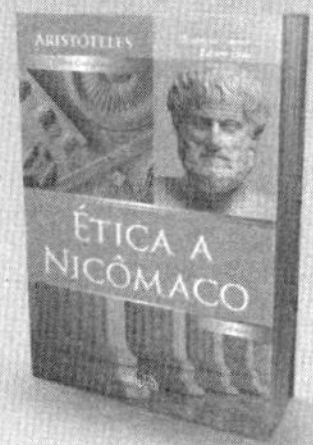

Ética a Nicômaco

Metafísica

Órganon

Parva Naturalia

Poética

Retórica

Retórica a Alexandre

Obras completas de Platão

Diálogos I

Teeteto (ou Do Conhecimento)
Sofista (ou Do Ser)
Protágoras (ou Sofistas)

Diálogos II

Górgias (ou Da Retórica)
Eutidemo (ou Da Disputa)
Hípias Maior (ou Do Belo)
Hípias Menor (ou Do Falso)

Diálogos III (Socráticos)

Fedro (ou Do Belo)
Eutífron (ou Da Religiosidade)
Apologia de Sócrates
Críton (ou Do Dever)
Fédon (ou Da Alma)

Diálogos IV

Parmênides (ou Das Formas)
Político (ou Da Realeza)
Filebo (ou Do Prazer)
Lísis (ou Da Amizade)

Diálogos V

O Banquete
Mênon (ou Da Virtude)
Timeu
Crítias

Diálogos VI

Crátilo
(ou Da Correção dos Nomes)
Cármides (ou Da Moderação)
Laques (ou Da Coragem)
Ion (ou Da Ilíada)
Menexeno (ou Oração Fúnebre)

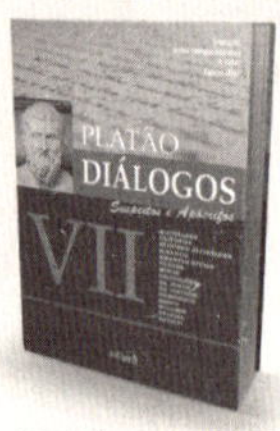

Diálogos VII

Alcibíades
Clitofon
Segundo Alcibíades
Hiparco
Amantes rivais
Teages
Minos
Definições
Da Justiça
Da Virtude
Demódoco
Sísifo
Hálcion
Erixias
Axíoco

Este livro foi impresso pela Paym
em fonte Garamond Premier Pro sobre papel Chambril Avena+ 80 g/m^2
para a Edipro na primavera de 2016.